आम आदमी के लिए कानून

सरल भाषा में

नरेन्द्र कुमार
अतिरिक्त जिला एवं सत्र न्यायाधीश, दिल्ली

यूनीकॉर्न बुक्स

प्रकाशक
यूनीकॉर्न बुक्स

F-2/16, अंसारी रोड, दरियागंज, नई दिल्ली-110002
☎ 23275434, 23262683, 23250704 • **फैक्स:** 011-23257790
ई-मेल: info@unicornbooks.in • **वेबसाइट:** www.unicornbooks.in

शाखा : मुम्बई
23-25, जाओबा वाड़ी, ठाकुरद्वार, मुम्बई-400002
☎ 022-22010941, 022-22053387
ई-मेल: rapidex@bom5.vsnl.net.in

ISBN 978-81-7806-182-5

संस्करण : 2016

मुद्रक : परम ऑफसैटर्स, औखला, नई दिल्ली-110020

Justice Sunita Gupta

HIGH COURT OF DELHI, SHER SHAH ROAD
NEW DELHI 110 003

RESIDENCE : C-II/2, COURT LANE, CIVIL LINES
DELHI-110054

TEL. (O) : +91-11-23073764
(R) : +91-11-23985305

FOREWORD

It gives me immense pleasure to note that a useful book relating to laws for a common man by Sh. Narender Kumar, Additional District and Sessions Judge, Delhi will soon be available to readers.

Being part of the society, in day-to-day life, one may suffer violation of one's legal rights by the other. One may also come in confrontation/conflict with law. Legal system presumes that everyone is aware of the law of the land and ignorance of law is no excuse. At the same time, everyone cannot join law classes to learn law but one must have knowledge of basic laws and the procedure followed for implementation of law.

Therefore, to make a common man aware of such basic legal rights and duties and that too in simple Hindi, the author has made a commendable effort by writing this book. He has also tried to apprise the common man of the procedure which is followed & practiced in criminal cases. Facilities like Free Legal Aid, Mediation, Plea-bargaining and Lok Adalat, made available to litigants also find specific mention in the book.

The author has also made a creditable effort in further dealing with the remedies available under Negotiable Instruments Act. One new law viz., The Food Safety and Standards Act, 2006, has also been dealt with in brief keeping in view the rights of the consumer.

I am confident that this book shall prove to be very useful to the common man to understand the intricacies of criminal justice delivery system and they shall make optimum use thereof.

(Sunita Gupta)

विषय सूची

प्रस्तावना

आमतौर पर एक सीधे-सादे सज्जन व्यक्ति की सोच यही होती है कि कभी किसी को बदकिस्मती से अस्पताल, पुलिस स्टेशन या न्यायालय में नहीं जाना पड़े। पर कभी-कभार आम इनसान शांति पाने, कानून और व्यवस्था बनाए रखने या कुछ कानूनी उद्देश्यों को पूरा करने के लिए चाहे-अनचाहे पुलिस स्टेशन या न्यायालय की शरण में पहुंच जाता है। कभी कोई पीड़ित होता है, तो कभी किसी को झूठे आरोपों में फंसाकर किसी मामले में अभियुक्त बना दिया जाता है। वास्तव में कानून का ज्ञान न होना आम आदमी के मार्ग में सबसे बड़ी बाधा है। यही अज्ञानता उसके लिए मुसीबत का कारण बनती है। कानून मानकर चलता है कि भारत में रहने वाले प्रत्येक व्यक्ति को यहां के कानूनों की पूरी जानकारी है। कानून के बारे में ज्ञान न होने से कोई माफी नहीं मिलती है। स्पष्ट कहें तो कोई व्यक्ति अपनी रक्षा करने अथवा सजा से बचने के लिए इस बात को आधार नहीं बना सकता है कि उसे कानून या नियमों की जानकारी नहीं थी। ऐसी परिस्थिति में प्रत्येक के लिए यह जरूरी बन जाता है कि वह कम से कम सामान्य कानूनों और प्रक्रिया की जानकारी अवश्य प्राप्त करे।

भारत की सर्वोच्च विधायिका 'संसद' द्वारा विभिन्न अधिनियमों और धाराओं इत्यादि के रूप में कानूनों का निर्माण किया गया है। सभी अधिनियम गजट में प्रकाशित होते हैं, जिनकी प्रतियां समय-समय पर

सभी न्यायाधीशों और अधिकारियों को उपलब्ध करवाई जाती हैं। पर, सच यही है कि आम आदमी को कानून का ज्ञान नहीं होता है। उदाहरण हमारे सामने हैं। आप स्वयं सोचिए कि हममें से कितने लोग भारतीय दण्ड संहिता के अंतर्गत वर्णित अपनी और अपनी सम्पत्ति की रक्षा के प्रावधान से वाकिफ हैं। हममें से बहुत से लोगों को तो यह भी मालूम नहीं है कि जब कोई व्यक्ति उन पर या उनकी सम्पत्ति पर हमला करता है और उस समय उनके पास पुलिस सहायता उपलब्ध नहीं है, तो ऐसी परिस्थिति में उन्हें अपनी प्रतिरक्षा में अपना और अपनी सम्पत्ति का बचाव करने का पूरा अधिकार है। कानून के तहत उसे पूरी स्वतंत्रता होती है कि वह अपनी और अपनी सम्पत्ति की रक्षा के लिए निजी रक्षा के अधिकार का प्रयोग करे। उदाहरण के तौर पर, यदि कोई व्यक्ति बलात्कार करने के प्रयास में या कामुकतावश किसी महिला पर आक्रमण करता है, तो महिला को पूरा अधिकार है कि वह अपनी आत्मरक्षा में कोई भी कदम उठा सकती है, फिर चाहे इसमें हमलावर की जान ही क्यों न चली जाए। इसके अलावा हममें से बहुत से लोगों को उपभोक्ता संरक्षण अधिनियम यानि कंज्यूमर प्रोटैक्शन एक्ट या वैवाहिक कानूनों की जानकारी ही नहीं है।

यदि किसी किसान को अपनी या दूसरे की जमीन पर अपने और उसके कर्त्तव्यों और अधिकारों का बोध है, तो सचमुच भूमि सम्बन्धित विवादों की संभावना बहुत कम हो जाएगी। समान रूप से, बच्चों द्वारा छोड़े गए या घर से निकाले गए माता-पिता या अभिभावकों को यदि भरण-पोषण भत्ते से सम्बन्धित अपने अधिकारों का बोध है, तो उनका संदेह और डर काफी हद तक खत्म हो सकता है तथा वे आर्थिक तौर पर सुरक्षित जीवन व्यतीत कर सकते हैं। इसी तरह यदि आम आदमी को मोटर व्हीकल एक्ट के कानूनी पहलुओं तथा इसके अंतर्गत वर्णित नियमों/अधिनियमों आदि का बोध है, तो यकीनन इससे ट्रैफिक सम्बन्धित अपराधों में कमी आएगी।

इस पुस्तक को इस रूप में आपके सम्मुख प्रस्तुत करने का उद्देश्य यही है कि आपको आपराधिक मामलों से सम्बन्धित कानूनों तथा कानूनी

प्रक्रिया की जानकारी दी जा सके, ताकि आवश्यकता पड़ने पर आप न केवल अपना बचाव करने में सक्षम हों अपितु अन्य जरूरतमंद लोगों की सहायता भी कर सकें। इस पुस्तक के माध्यम से आप जान पाएंगे कि अपराध और कानून जैसी अवधारणाओं का क्या अर्थ है, कानून किस प्रकार कार्य करता है, कोई आपराधिक मुकदमा या शिकायत कैसे दर्ज की जाती है, न्यायालय की कार्यवाही किस प्रकार आगे बढ़ती है तथा फैसला सुनाए जाने तक आपको मुकदमे की किन-किन अवस्थाओं से गुजरना होगा। इसके अतिरिक्त यहां पिता द्वारा छोड़े गए बच्चों, पति द्वारा ठुकराई गई महिला या बच्चों द्वारा प्रताड़ित किए गए बुजुर्ग माता-पिता को कानूनी अधिकार स्वरूप मिलने वाले भरण-पोषण भत्ते को प्राप्त करने की प्रक्रिया का विस्तारपूर्वक वर्णन भी किया गया है। साथ ही कोई दुर्घटना होने के समय किस तरह के कदम उठाने चाहिए या ट्रैफिक चालान का भुगतान कैसे करें या बिना वकील या अधिवक्ता के न्यायालय में अपने मुकदमे की पैरवी कैसे की जाए, इत्यादि की भी विस्तारपूर्वक जानकारी दी गई है।

ऋग्वेद में कहा गया है- 'सुविचार जहां से भी प्राप्त हो, उसे ग्रहण करना चाहिए।' मेरे मन में इस पुस्तक की रचना का विचार दिल्ली उच्च न्यायालय के न्यायाधीश माननीय न्यायमूर्ति श्री शिवनारायण ढींगरा जी की देन है। किसी विचार को साकार रूप देना भी सहज नहीं होता। ईश्वरकृपा तथा माननीय न्यायमूर्ति के मार्गदर्शन से मैं इस नेक कार्य को सफलतापूर्वक पूरा कर पाया। इस नेक कार्य में सहयोग देने के लिए श्री अतुलजी का आभार व्यक्त करता हूं। मुझे पूरा विश्वास है कि यह पुस्तक न्यायिक व्यवस्था में आम आदमी के विश्वास को मजबूत करेगी तथा कानूनी मामलों में, सही दिशा निर्धारित करने में उनकी सहायता करेगी।

-नरेन्द्र कुमार

1

अपराध क्या है?

What is an offence?

हम सब जानते हैं कि सभ्य समाज के विरुद्ध किया गया कोई भी गलत कार्य अपराध है। आम तौर पर अपराध उस गलत कार्य को कहते हैं, जिसे कानून के अंतर्गत दण्डनीय घोषित किया गया है। उदाहरण के तौर पर, जब कोई व्यक्ति किसी की साइकिल चुराता है, तो कहा जाएगा कि उसने चोरी की है। इसी तरह जब कोई व्यक्ति सड़क पर मोटर साइकिल चलाते समय दूसरों की सुरक्षा का ध्यान नहीं रखता है और परिणामस्वरूप कोई दुर्घटना घट जाती है, तो वह मोटरसाइकिल सवार उस गलती के लिए उत्तरदायी माना जाएगा और कानून के तहत ऐसी गलती भी दण्डनीय है।

अपराधी को दी गई सजा ही अपराध से पी़ड़ित व्यक्ति के लिए राहत है। यह राहत पीड़ित को पहुंची चोट या हानि की क्षतिपूर्ति के रूप में भी दी जाती है। भारतीय दण्ड संहिता में दण्ड का प्रावधान विभिन्न अपराधों की प्रकृति और स्वभाव के अनुरूप किया गया है, जिसमें व्यक्तिविशेष और जमीन-जायदाद के मामलों से सम्बन्धित अपराध भी शामिल हैं। भारतीय दण्ड संहिता में कुछ विशेष अधिनियमों का उल्लेख भी किया गया है, जिसमें खास तरह के अपराधों के लिए दण्ड का प्रावधान है। न्यायालय में अभियुक्त को सजा देने की कार्यवाही शिकायत या चालान के आधार पर की जाती है।

मामले की जांच-पड़ताल करने के बाद पुलिस न्यायालय में चालान दाखिल करती है। आपराधिक मामलों में प्राथमिक सूचना रिपोर्ट (एफ.आई.आर) दाखिल होने के साथ ही पुलिस द्वारा जांच-पड़ताल का काम शुरू हो जाता है। व्यक्तिगत शिकायत के मामलों में अभियुक्त के खिलाफ न्यायिक प्रक्रिया शुरू करने से पूर्व सम्बन्धित मजिस्ट्रेट जांच-पड़ताल करता है। प्राथमिक सूचना रिपोर्ट या शिकायत दर्ज करवाने, जांच-पड़ताल और मुकदमे चलाने के सम्बन्ध में एक संपूर्ण संहिता है, जो दण्ड प्रक्रिया संहिता; 1973 के नाम से जानी जाती है।

जहां पुलिस मामला दर्ज करके या प्राथमिक सूचना रिपोर्ट लिखकर जांच-पड़ताल शुरू करती है, उनमें 'स्टेट केस' के तौर पर मुकदमा चलता है, पर जिन मामलों में पुलिस मामला दर्ज करने या प्राथमिक सूचना रिपोर्ट लिखने से मना कर देती है, वहां पीड़ित व्यक्ति न्यायालय का दरवाजा खटखटा सकता है और ऐसे मामले 'शिकायती मामले' बन जाते हैं।

पुलिस द्वारा जांच-पड़ताल शुरू करने से पहले उसे अपराध या वारदात के विषय में पूरी जानकारी होनी चाहिए। पुलिस को अपराध की सूचना या जानकारी देने का एक तरीका है, जिसके अनुसार आप पुलिस को किसी वारदात, घटना या अपराध के बारे में सूचित कर सकते हैं। अपराध संगीन या साधारण हो सकता है।

अपराध के प्रकार

संगीन (संज्ञेय) अपराध

संगीन अपराध के मामले में पुलिस बिना वारण्ट के अभियुक्त को गिरफ्तार कर सकती है। उदाहरण के तौर पर, यदि आप किसी व्यक्ति पर किसी खतरनाक हथियार या औजार (जो भारतीय दण्ड संहिता के अनुच्छेद-324 के अन्तर्गत दण्डनीय है) से वार करके उसे घायल कर देते हैं, तो यह संगीन अपराध कहलाता है। ऐसे मामलों में चाहे तो

पुलिस बिना वारण्ट के अभियुक्त को गिरफ्तार कर सकती है, पर गिरफ्तारी के लिए पुलिस को कानून के दायरे में रहकर कार्यवाही करनी होगी।

साधारण (असंज्ञेय) अपराध

साधारण अपराध के मामले में पुलिस आपको बिना वारण्ट के गिरफ्तार नहीं कर सकती है। उदाहरण के तौर पर, यदि आप जानबूझकर किसी को साधारण चोट या कष्ट देते हैं (जिसे भारतीय दण्ड संहिता के अनुच्छेद-323 के अंतर्गत दण्डनीय घोषित किया गया है) तो यह साधारण अपराध की श्रेणी में आएगा। ऐसे मामलों में पुलिस आपको अदालत की आज्ञा के बिना गिरफ्तार नहीं कर सकती है।

●●●

2

आपराधिक मामलों की सुनवाई करने वाली अदालतें

Courts dealing with criminal matters

प्राथमिक स्तर पर मजिस्ट्रेट जैसे कि मुख्य ज्यूडिशियल मजिस्ट्रेट, मुख्य मैट्रोपोलिटन मजिस्ट्रेट, ज्यूडिशियल मजिस्ट्रेट प्रथम श्रेणी या मैट्रोपोलिटन मजिस्ट्रेट की अदालत आपराधिक मामलों की सुनवाई करती हैं।

आपराधिक मामलों को स्वीकार करने के बाद ये अदालतें अपराध की किस्म के अनुरूप उन पर सुनवाई की कार्यवाही को आगे बढ़ाती हैं:-

1. तथ्यों की शिकायत पर
2. पुलिस रिपोर्ट पर
3. पुलिस अधिकारी के अलावा किसी अन्य व्यक्ति द्वारा प्राप्त सूचना पर, अथवा किस तरह अपराध किया गया है, उस पर अपने ज्ञान के अनुसार निर्णय लेकर।

सत्र न्यायालय यानी सेशन जज की अदालत

भारतीय कानून व्यवस्था के अनुसार कुछ आपराधिक मुकदमों की सुनवाई केवल सत्र न्यायालयों में होती है। सत्र न्यायालय का पीठासीन अधिकारी सत्र न्यायाधीश या अतिरिक्त सत्र न्यायाधीश होता है। अत्यंत

संगीन अपराधों की सुनवाई का अधिकार मजिस्ट्रेट की अदालत को नहीं है। इसलिए जब भी ऐसे आपराधिक मामले मजिस्ट्रेट के सम्मुख पेश किए जाते हैं, तो वह उन्हें सुनवाई के लिए सम्बन्धित सत्र न्यायाधीश की अदालत में भेज देता है। उदाहरण के तौर पर हत्या के मामले या हत्या के प्रयास के मामलों में सुनवाई केवल सत्र न्यायाधीश की अदालत में होती है। ऐसे मामलों को सत्र न्यायालयों में भेजने से पहले समस्त पहले स्तर की कार्यवाही मजिस्ट्रेट की अदालतों द्वारा की जाती है। इस पहले स्तर की कार्यवाही में अभियुक्त की उपस्थिति तथा उसे चालान व अन्य दस्तावेजों की कापियां निःशुल्क उपलब्ध करवाना शामिल है। सत्र न्यायालय में मामला भेजने से पहले अभियुक्त को बाकायदा सूचित किया जाता है कि सत्र न्यायालय में अगली सुनवाई किस तारीख को होगी। सत्र न्यायाधीश उस मुकदमे को किसी अतिरिक्त सत्र न्यायाधीश के न्यायालय में भी भेज सकता है या वह उसे अपने न्यायालय में भी चला सकता है।

उदाहरण के तौर पर राष्ट्रीय राजधानी दिल्ली में आपराधिक मामलों की सुनवाई करने वाली अदालतें निम्नलिखित न्यायालय परिसरों में स्थित हैं:-

1. तीस हजारी न्यायालय परिसर।
2. कड़कड़डूमा न्यायालय परिसर।
3. पटियाला हाउस न्यायालय परिसर।
4. रोहिणी न्यायालय परिसर।
5. द्वारका न्यायालय परिसर।
6. साकेत न्यायालय परिसर।

विशेष अदालतें

कुछ मुकदमों की सुनवाई केवल कुछ विशेष न्यायालयों में ही होती हैं, जिन्हें किसी विशेष कानून के अन्तर्गत गठित किया जाता है।

किशोर न्याय बोर्ड (18 वर्ष से कम उम्र वालों के लिए न्यायालय

इसे ज्यूवेनाइल जस्टिस बोर्ड के नाम से भी जाना जाता है। किशोरों के मामलों की सुनवाई के लिए विशेष न्यायालय का गठन किया गया है जो उनके खिलाफ दर्ज मुकदमों की सुनवाई करता है। कानून के मुताबिक कोई भी बालक या वयस्क जिसकी आयु 18 वर्ष से कम है, वह किशोर की श्रेणी में आता है। अपराध के होने के समय यदि जुर्म करने वाले की आयु 18 वर्ष से कम है, तो उसका मुकदमा सुनवाई के लिए किशोर न्याय बोर्ड को भेजा जाता है। ऐसे मुकदमों की सुनवाई करने वाले किशोर न्याय बोर्ड में एक प्रिंसिपल, मजिस्ट्रेट तथा दो सदस्य होते हैं।

जब भी पुलिस किसी किशोर पर किसी अपराध का दोष लगाती है और चालान साधारण न्यायालय के सम्मुख पेश करती है, तो मुकदमे से सम्बन्धित कोई भी पक्ष पीठासीन न्यायिक अधिकारी/मजिस्ट्रेट को यह जानकारी दे सकता है कि अपराध के समय जुर्म करने वाले की आयु 18 वर्ष से कम थी और उसका मुकदमा आगे की कार्यवाही के लिए किशोर न्याय बोर्ड में भेजा जाना चाहिए।

लोक अदालतें

लोक अदालतों का आयोजन समय-समय पर किया जाता है। यह आयोजन पहले से तय तारीख पर होता है, जिसकी सूचना आम जनता तथा सम्बन्धित अधिकारियों को पहले से दे दी जाती है। लोक अदालतों के आयोजन का उद्देश्य न्यायालय में विचाराधीन मुकदमों का तुरंत समाधान करना है, ताकि न्यायालयों पर बढ़ता मुकदमों का बोझ कम हो सके। इसके अलावा लोक अदालतों में ऐसे मामलों की सुनवाई भी होती है, जो मुकदमे की अवस्था तक अभी पहुंचे ही नहीं हैं। कोई भी पक्ष अपने मामले के शांतिपूर्ण हल के लिए लोक अदालत में आवेदन कर सकता है यानि इसके लिए पहले न्यायालय में मुकदमा दाखिल करना जरूरी नहीं है। यदि कोई मामला न्यायालय में विचाराधीन है तथा उससे जुड़ा कोई भी पक्ष लोक अदालत में सुनवाई के लिए आवेदन करता है, तो सम्बन्धित न्यायाधीश उस मामले को लोक अदालत में भेज देता है।

इसके अतिरिक्त न्यायाधीश उन मामलों को भी लोक अदालत में भेज सकता है, जिसमें न्यायिक कार्यवाही के बिना शांतिपूर्ण हल की संभावना होती है।

यहां यह बताना भी जरूरी है कि लोक अदालतों के निर्णयों तथा हल को स्वीकार करना जरूरी नहीं है। मामले से जुड़ा कोई भी पक्ष अपनी इच्छानुसार लोक अदालत में सुनवाई के लिए आवेदन कर सकता है। जैसे कि दिल्ली में यह आवेदन दिल्ली विधिक सेवा प्राधिकरण में दाखिल किया जाता है। राजधानी दिल्ली के विभिन्न न्यायालय परिसरों में समय-समय पर लोक अदालतों का आयोजन किया जाता है।

लोक अदालत की कार्यवाही के दौरान वादी और प्रतिवादी को व्यक्तिगत सुनवाई का अवसर प्रदान करके, विचार-विमर्श, सलाह और विनती के द्वारा तथा अनौपचारिक वातावरण में सुलह-समझौते करने का अवसर देकर विवाद के हल का प्रयास किया जाता है।

इसके अतिरिक्त "स्थाई लोक अदालतें" भी होती हैं। दिल्ली में स्थापित ऐसी स्थाई लोक अदालतों के पीठासीन अधिकारी दिल्ली उच्च न्यायालय तथा दिल्ली उच्च न्यायिक सेवा के सेवानिवृत न्यायाधीश होते हैं। फिलहाल इन लोक अदालतों में दिल्ली उच्च न्यायालय में विचाराधीन मुकदमों तथा दिल्ली विकास प्राधिकरण, दिल्ली नगर निगम, नई दिल्ली नगर पालिका, महानगर टेलीफोन निगम लिमिटेड तथा बिजली आपूर्ति करने वाली कंपनियों इत्यादि के नए मामलों की सुनवाई होती है।

महिला अदालतें

महिलाओं से सम्बन्धित आपराधिक मामलों की सुनवाई के लिए महिला अदालतों का गठन किया गया है। इन अदालतों में सम्बन्ध विच्छेद के बाद पत्नी, बच्चों और अभिभावकों को (सीआर.पीसी की धारा-125 के तहत) दिए जाने वाले भरण-पोषण भत्ते, महिलाओं के साथ हुए अत्याचार (आईपीसी की धारा-498-ए), स्त्रीधन की वस्तुओं

का दुरुपयोग (आईपीसी की धारा-406), शील भंग करना (आईपीसी की धारा-363) तथा महिलाओं को डराने और धमकाने (आईपीसी की धारा-506) जैसे मामलों की सुनवाई की जाती है।

परिवारिक न्यायालय

राज्यों में परिवारिक न्यायालय का भी गठन किया गया है। दिल्ली में द्वारका, साकेत, रोहिणी में ऐसे न्यायालयों की स्थापना की गई है।

दिल्ली जिला न्यायालय की वेबसाइट

www.delhidistrictcourts.nic.in दिल्ली जिला न्यायालय की आधिकारिक वेबसाइट है। इस वेबसाइट पर जिला न्यायालय दिल्ली की सभी अदालतों, न्यायिक अधिकारियों, उनके पदों, नियुक्ति स्थल तथा कार्यभार इत्यादि की विस्तार में जानकारी दी गई है।

इसके अतिरिक्त इस वेबसाइट पर दिल्ली की विभिन्न अदालतों में हर रोज लगने वाले मुकदमों की सूची भी पहले से उपलब्ध रहती है। मुकदमों की सूची को ''कॉजलिस्ट'' के नाम से जाना जाता है, जिसमें उन सभी मुकदमों के नाम लिखे होते हैं, जो किसी दिन-विशेष पर न्यायालय द्वारा सुने जाते हैं। इण्टरनेट पर इस सूची को देखकर आप जान सकते हैं कि आपका मुकदमा किस दिन किस नंबर पर न्यायालय में सुना जाएगा।

जिला न्यायालय दिल्ली की हिन्दी वेबसाइट

वादी-प्रतिवादियों तथा आम लोगों की मांग को देखते हुए जिला न्यायालय दिल्ली की वेबसाइट को हिंदी भाषा में भी तैयार किया गया है, जिस पर उपरोक्त सभी सूचनाएं उपलब्ध हैं, जो अंग्रेजी भाषा की वेबसाइट पर उपलब्ध हैं। इण्टरनेट पर www.delhidistrictcourts.nic.in@hindi@index.hmt. टाइप करके आप हिंदी की वेबसाइट देख सकते हैं। आप अंग्रेजी वेबसाइट पर जाकर हिंदी लिंक के द्वारा भी हिंदी की वेबसाइट को देख सकते हैं।

•••

3

न्यायालय में आपराधिक मामलों की सुनवाई किस प्रकार शुरू होती है ?

How do courts initiate criminal proceedings?

जैसा कि पहले भी उल्लेख किया जा चुका है, मजिस्ट्रेट शिकायत, या पुलिस रिपोर्ट या पुलिस अधिकारी से अलग किसी अन्य व्यक्ति से प्राप्त सूचना अथवा अपराध होने की बाबत अपने ज्ञान के आधार पर अभियुक्त के विरुद्ध कार्यवाही शुरू कर सकता है। इसको ठीक प्रकार समझने के लिए सर्वप्रथम "शिकायत" और "पुलिस रिपोर्ट" के बारे में संक्षेप में जानना आवश्यक है।

शिकायत क्या होती है ?

मजिस्ट्रेट के सामने, दण्ड की कार्यवाही करने के आशय से, अभियुक्त के खिलाफ लगाया गया आरोप **शिकायत** कहलाती है। शिकायत मौखिक या लिखित रूप में की जा सकती है। पुलिस को दी गई सूचना या जानकारी शिकायत नहीं कहलाती है।

पुलिस रिपोर्ट क्या है ?

संज्ञेय यानि संगीन अपराध की पूरी जांच-पड़ताल करने के बाद पुलिस जो रिपोर्ट मजिस्ट्रेट को सौंपती है, वह **पुलिस रिपोर्ट** कहलाती है। पर ध्यान देने की बात है कि किसी साधारण अपराध की पुलिस रिपोर्ट मिलने के बाद मजिस्ट्रेट उसे शिकायत मानकर ही उस पर कार्यवाही

शुरू करता है। इस तरह सम्बन्धित पुलिस अधिकारी की भूमिका यहां शिकायतकर्त्ता की हो जाती है।

संगीन अपराध पर अपनी जांच समाप्त करने के उपरांत जब पुलिस इस सूचना के साथ न्यायालय में रिपोर्ट पेश करती है कि जांच पूरी हो चुकी है तथा कोई अपराध हुआ नहीं पाया गया है, तो इसे **अंतिम रिपोर्ट** कहा जाता है।

पुलिस को अपराध की सूचना कैसे दें ?

(1) संगीन (संज्ञेय) अपराध होने पर पुलिस को किस प्रकार सूचित करें

यदि आप स्वयं पीड़ित हैं या आपको किसी अपराध के किये जाने या होने की जानकारी है, तो आप मौखिक या लिखित किसी भी रूप में इसकी सूचना पुलिस को दे सकते हैं। यदि आप पुलिस को मौखिक तौर पर सूचित करते हैं, तो पुलिस द्वारा आपकी सूचना को लिखित रूप में दर्ज कर लिया जाता है तथा शिकायतकर्त्ता होने के नाते आपको उस पर हस्ताक्षर करने होते हैं।

आपके द्वारा दी गई जानकारी को पुलिस अपने एक रजिस्टर में दर्ज कर लेती है। दर्ज की गई यह सूचना ही प्रथम सूचना रिपोर्ट यानि एफ.आई.आर. कहलाती है। कुछ समय उपरांत आपको इसकी एक कापी निःशुल्क उपलब्ध करवा दी जाती है।

दिल्ली तथा देश के कुछ अन्य राज्यों में 100 नंबर पर टेलीफोन करके पुलिस कण्ट्रोल रूम (पीसीआर) को अपराध के बारे में सूचित करने की सुविधा प्रदान की गई है। जैसे ही पीसीआर के कर्मचारियों को कोई टेलीफोन कॉल आती है, तो पीसीआर प्रणाली में वह सूचना दर्ज हो जाती है और इसके बाद वह सूचना तुरंत सम्बन्धित थाने के पुलिस अधिकारियों/कर्मचारियों को भेज दी जाती है। सम्बन्धित थाने में तैनात पुलिस अधिकारी उस सूचना को अपने रोजनामचे में दर्ज करके उस पर आगे की कार्यवाही शुरू कर देते हैं।

रिपोर्ट कहां दर्ज करवाएं?

आप अपराध होने की सूचना पुलिस चौकी या थाना में दे सकते हैं। उदाहरणतया दिल्ली के अंदर 11 पुलिस जिले बनाए गए हैं:-

1. नई दिल्ली पुलिस जिला
2. दक्षिणी पुलिस जिला
3. दक्षिणी-पूर्वी पुलिस जिला
4. पूर्वी पुलिस जिला
5. उत्तरी-पूर्वी पुलिस जिला
6. उत्तरी-पश्चिमी पुलिस जिला
7. बाहरी (आउटर) पुलिस जिला
8. दक्षिणी-पश्चिमी पुलिस जिला
9. केंद्रीय पुलिस जिला
10. उत्तरी पुलिस जिला
11. पश्चिमी पुलिस जिला

आमतौर पर प्रत्येक थाने में प्रथम सूचना रिपोर्ट (एफ.आई.आर.) दर्ज करने के लिए कुछ पुलिसकर्मियों को विशेष तौर पर नियुक्त किया जाता है। इन पुलिसकर्मियों को ड्यूटी ऑफिसर कहा जाता है। जब भी आप किसी अपराध की जानकारी या रिपोर्ट दर्ज करवाने के उद्देश्य से पुलिस स्टेशन जाएं, तो उसकी लिखित शिकायत अवश्य साथ लेकर जाएं। थाने पहुंच कर उस लिखित शिकायत को थाना अधिकारी (एस. एच.ओ) या अतिरिक्त थाना अधिकारी के सामने पेश करना चाहिए। थाना अधिकारी आपकी शिकायत पर कार्यवाही के लिए ड्यूटी ऑफिसर या किसी अन्य पुलिसकर्मी को निर्देश देगा, जो आपकी सूचना पर प्रथम सूचना रिपोर्ट (एफ.आई.आर) दर्ज करेगा। यदि आप कोई बयान देना चाहते हैं, तो वह भी प्रथम सूचना रिपोर्ट (एफ.आई.आर) में दर्ज किया जाता है। आप अपनी बात पूरी सच्चाई के साथ पुलिस को बताएं तथा जो भी बयान आप दें, वह आपके अपने शब्दों में होना चाहिए।

अपराध से जुड़ी प्रत्येक जानकारी तुरंत पुलिस को दी जानी चाहिए। प्रथम सूचना रिपोर्ट इस बात का भी प्रमाण होती है कि अभियुक्त की पहचान को लेकर आप किसी उलझन में नहीं थे। रिपोर्ट दर्ज करवाने में अकारण देरी आपके मामले पर विपरीत प्रभाव डाल सकता है। वास्तव में रिपोर्ट दर्ज कराने में की गई देरी से तथ्यों के साथ छेड़छाड, गवाहों के साथ जोड़-तोड़ करने, मामले को नया रुख देने के लिए गलत व अनैतिक तरीकों को प्रयोग करने इत्यादि की संभानाएं बढ़ जाती हैं।

क्या करें जब पुलिस प्राथमिक सूचना रिपोर्ट लिखने से मना करे ?

जब कभी पुलिस अधिकारी प्राथमिक सूचना रिपोर्ट लिखने में आना-कानी करे तो आप निम्नलिखित उपाय कर सकते हैं:-

(i) वरिष्ठ पुलिस अधिकारियों से इसकी शिकायत करें

ऐसी परिस्थितियों में आप अपनी सूचना और मामले का संक्षिप्त ब्यौरा लिखकर उसे डाक द्वारा पुलिस आयुक्त, उपायुक्त, उप पुलिस अधीक्षक, वरिष्ठ पुलिस अधीक्षक को भेज दें। आपके द्वारा डाक से भेजी गई सूचना मिलने पर यदि वरिष्ठ पुलिस अधिकारी को लगता है कि वह सूचना या जानकारी संगीन अपराध के होने का प्रमाण देती है, तो वह उसकी जांच के आदेश देता है और फिर जांच शुरू हो जाती है। वरिष्ठ पुलिस अधिकारी स्वयं भी उस मामले की जांच कर सकता है अथवा किसी अन्य अधीनस्थ पुलिस अधिकारी को जांच के निर्देश दे सकता है।

(ii) चीफ/एडिशनल चीफ मैट्रोपोलिटन मजिस्ट्रेट को शिकायत दर्ज करवाएं

जब पुलिस आपकी रिपोर्ट दर्ज करने से मना करे, तो आप चीफ मैट्रोपोलिटन मजिस्ट्रेट (मुख्य महानगर दण्डाधिकारी) या सम्बन्धित क्षेत्र/जिले के एडिशनल चीफ मैट्रोपोलिटन मजिस्ट्रेट (अतिरिक्त मुख्य महानगर दण्डाधिकारी) के न्यायालय में जाकर मामले की शिकायत कर सकते हैं। चीफ मैट्रोपोलिटन मजिस्ट्रेट आपकी शिकायत को कार्यवाही के लिए सम्बन्धित मैट्रोपोलिटन मजिस्ट्रेट को भेजेगा। मैट्रोपोलिटन

मजिस्ट्रेट आपकी शिकायत पर मामले की जांच करेगा। इसके अलावा वह पुलिस द्वारा जांच करवाने का आदेश भी जारी कर सकता है। न्यायालय से जांच का आदेश मिलने के बाद पुलिस प्राथमिक सूचना रिपोर्ट दर्ज करेगी। जब न्यायालय द्वारा पुलिस को कोई शिकायत जांच के लिए भेजी जाती है, तो पुलिस आमतौर पर प्राथमिक सूचना रिपोर्ट दर्ज करने से मना नहीं कर सकती है।

रद्द रिपोर्ट क्या होती है ?

इसे कैंसिलेशन रिपोर्ट भी कहते हैं। कुछ मामलों में जांच के बाद पुलिस, इस आधार पर कि कोई अपराध हुआ प्रतीत नहीं हो रहा है, मामले को समाप्त/रद्द करने के लिए न्यायालय में कैंसिलेशन रिपोर्ट प्रस्तुत करती है। कैंसिलेशन रिपोर्ट प्रस्तुत करने के बाद न्यायालय गंभीरतापूर्वक इस बात की पुष्टि करता है कि पुलिस ने न्यायालय में कैंसिलेशन रिपोर्ट प्रस्तुत करने के बारे में शिकायतकर्त्ता को सूचित किया है या नहीं। ऐसी परिस्थितियों में न्यायालय शिकायतकर्त्ता/पीड़ित को पुलिस द्वारा कैंसिलेशन रिपोर्ट प्रस्तुत करने की जानकारी देने तथा उस मसले पर उसकी बात सुनने और उसके मुताबिक जांच-पड़ताल करने के लिए नोटिस जारी करता है। पूरी जांच न किये जाने पर, न्यायालय दोबारा तफ्तीश (जांच) का आदेश भी दे सकता है।

प्रतिवाद याचिका (प्रोटैस्ट पैटिशन)

एक शिकायतकर्त्ता होने के नाते यदि आप पुलिस द्वारा प्रस्तुत की गई अंतिम रिपोर्ट से संतुष्ट नहीं हैं या मानते हैं कि पुलिस ने गहराई से मामले की जांच नहीं की है या जांच के दौरान निष्पक्षता नहीं बरती है या निराधार तथ्यों के आधार पर अंतिम रिपोर्ट प्रस्तुत की है, तो आप सम्बन्धित मैट्रोपोलिटन मजिस्ट्रेट के सम्मुख याचिका दाखिल कर सकते हैं। इसे ही **प्रतिवाद याचिका** या **प्रोटैस्ट पैटिशन** कहा जाता है। इसे यह नाम इसलिए दिया गया है, क्योंकि इसके माध्यम से शिकायतकर्त्ता पुलिस द्वारा की गई जांच-पड़ताल के तरीके पर विरोध जताता है।

मैट्रोपोलिटन मजिस्ट्रेट को यह शक्ति प्राप्त है कि वह जांच के दौरान इकट्ठी की गई सामग्री व सबूतों के आधार पर अभियुक्त के खिलाफ मामले को आगे बढ़ा सकता है। स्पष्ट कहें तो न्यायालय अंतिम रिपोर्ट स्वीकार करने के लिए बाध्य नहीं होता है। उसे यह शक्ति भी प्राप्त होती है कि वह उसी जांच अधिकारी को या थाने के किसी अन्य वरिष्ठ पुलिस अधिकारी को मामले की और अधिक और अच्छी जांच करने का निर्देश भी दे सकता है।

(iii) उच्च न्यायालय के सम्मुख याचिका

जब कोई अधिकारी/कर्मचारी अपने अनिवार्य एवं आदेशात्मक कर्त्तव्यों का पालन करने में असफल होता है, तो उसके विरुद्ध परमादेश रिट उच्च न्यायालय में डाली जा सकती है, जिसके द्वारा उसे अपने कर्त्तव्यों के पालन करने के लिए बाध्य किया जा सकता है। इसलिए जब भी पुलिस आपकी प्राथमिक सूचना रिपोर्ट दर्ज करने से मना करे, तो आप **परमादेश रिट** के माध्यम से उच्च न्यायालय का दरवाजा भी खटखटा सकते हैं।

क्राइम एगेंस्ट वूमन सैल (महिला के विरुद्ध अपराध)

महिलाओं के साथ निर्दयता, अत्याचार और दहेज की मांग जैसे अपराधों की जांच के लिए **क्राइम एगेंस्ट वूमन** सैल का गठन किया गया है। यह एक ऐसा संगठन है, जो केवल महिलाओं पर होने वाले अत्याचारों की जांच करता है। आप एक आवेदन या शिकायत लिखकर क्राइम एगेंस्ट वूमन सैल की अधिकारी को अपने साथ हुए अत्याचार की सूचना दे सकती हैं। आपकी एक शिकायत मात्र पर सैल में जांच की कार्यवाही शुरू हो जाती है। दूसरे पक्ष के लोग भी इस कार्यवाही में शामिल किए जाते हैं। जांच पूरी होने के बाद यदि क्राइम एगेंस्ट वूमन सैल द्वारा मामला दर्ज करने की सिफारिश की जाती है, तो सम्बन्धित थाने में अभियुक्त के खिलाफ आपराधिक मामला दर्ज किया जाता है। यदि क्राइम एगेंस्ट वूमन सैल्स आपराधिक मामला दर्ज करने की

सिफारिश नहीं करती है, तो पीड़ित महिला, न्यायालय में ऊपर बतलाये तरीकों से आपराधिक शिकायत दर्ज करवा सकती है।

(2) साधारण अपराध के बारे में किस प्रकार सूचना दर्ज करवाएं ?

असंज्ञेय यानि साधारण अपराध के मामले में मैट्रोपोलिटन मजिस्ट्रेट के आदेश के बिना कोई भी पुलिस अधिकारी न तो जांच-पड़ताल कर सकता है और न ही किसी को गिरफ्तार कर सकता है। इस तरह के मामलों में मैट्रोपोलिटन मजिस्ट्रेट का आदेश मिलने पर ही पुलिस जांच शुरू करती है। अत: ऐसे मामलों में जब भी आप शिकायत दर्ज करवाने पुलिस के पास जाएं, तो आपको उस क्षेत्र के मैट्रोपोलिटन मजिस्ट्रेट के सम्मुख पेश होने के लिए कहा जाएगा। थाना अधिकारी आपके द्वारा दी गई सूचना को, संक्षेप में, एक रजिस्ट्रर में दर्ज कर लेता है। इसके अतिरिक्त आप अपनी शिकायत लेकर सीधे न्यायालय भी जा सकते हैं, जहां सम्बन्धित थाने के किसी अधिकारी को आपकी शिकायत पर जांच करने का कार्य सौंप दिया जाता है।

ऐसा अपराध होने पर, हमेशा बिना देर किए पुलिस और न्यायालय को सूचित करें।

●●●

4

क्या करें, जब आपको मुकदमे में झूठा फंसाया जाये ?

What to do, when implicated in a false case?

जब भी पुलिस द्वारा आपके विरुद्ध कोई झूठा मामला दर्ज किया जाता है या ऐसी कोई झूठी सूचना पर एफ.आई.आर. दर्ज की जाती है, जिसमें आपके द्वारा किसी अपराध में शामिल होने की बात कही गई हो, तो आप सीआर.पीसी की धारा-482 के तहत सीधे उच्च न्यायालय में याचिका दायर कर सकते हैं। न्यायालय ऐसे मामलों की सत्यता और असत्यता पर गहनतापूर्वक विचार-मंथन करता है और यदि यह साबित हो जाता है कि एफ.आई.आर. में लगाए गए आरोप बेबुनियाद और निराधार हैं तथा इनसे अपराध होने की पुष्टि नहीं होती है, तो ऐसी एफ. आई.आर के आधार पर शुरू की गई दण्ड की कार्यवाही को समाप्त कर दिया जाता है तथा आरोपी आरोपमुक्त हो जाता है। यह व्यवस्था इसलिए की गई है, क्योंकि झूठे और अनिश्चित आरोपों के आधार पर एफ.आई.आर. करना कानून की प्रक्रिया के साथ खिलवाड़ और शक्तियों का दुरुपयोग करना और करवाना है तथा झूठी एफ.आई.आर. के आधार पर चलाई गई दण्ड की कार्यवाही निश्चित ही खण्डित करने योग्य होती है।

•••

5

रेल में यात्रा करते समय किस प्रकार एफ.आई.आर. दर्ज करवाएं?

How to lodge report about offence, while travelling in train?

रेल में यात्रा करते समय यदि आपके साथ चोरी, डकैती, झपटमारी या दूसरी कोई वारदात हो जाती है, तो उसकी रिपोर्ट दर्ज करवाने के लिए एफ.आई.आर. का फार्म टी.टी.ई./गार्ड, रेल कण्डक्टर, कोच कर्मचारी या सरकारी रेलवे पुलिस (जी.आर.पी.) के पास उपलब्ध होता है। आप इनमें से किसी से भी एफ.आई.आर. का फार्म लेकर उसमें अपने बारे में जानकारी देते हुए सारी घटना का उल्लेख करें तथा फार्म भरने के बाद उसे उपर्युक्त में से किसी भी कर्मचारी/अधिकारी के पास जमा करवा दें। एफ.आई.आर. दर्ज करवाने में देरी नहीं करें। रेलवे अधिनियम-1989 के अन्तर्गत रेलगाड़ी में यात्रा के दौरान होने वाले अपराधों के लिए सजा का प्रावधान किया गया है तथा साथ ही अधिनियम की धारा-150, 151 तथा 152 में रेलगाड़ी को क्षति पहुंचाने या तोड़फोड़ करने जैसे अपराधों के लिए सजा का प्रावधान भी है। रेलवे सुरक्षा बल (आर.पी.एफ.) सरकारी रेलवे पुलिस (जी.आर.पी.) से अलग है। रेलवे सुरक्षा बल को छोटे-मोटे विवादों को निपटाने का अधिकार प्रदान किया गया है। केन्द्र सरकार द्वारा प्राधिकृत अधिकारियों को रेलवे अधिनियम-1989 की धारा-179(2) में वर्णित कुछ निश्चित अपराधों के लिए अपराधी के विरुद्ध कानूनी कार्यवाही शुरू करने का अधिकार प्राप्त है।

दिल्ली में मेट्रो ट्रेन तथा मेट्रो स्टेशनों पर हुई किसी घटना या वारदात की सूचना वहां तैनात पुलिस अधिकारी/कर्मचारी के पास दर्ज करवाई जा सकती है।

सुरक्षा नियंत्रण इकाई यानि सिक्यूरिटी कण्ट्रोल सेल हर घड़ी आपकी सुरक्षा के लिए चौकस रहती है। यह इकाई रेल मंत्रालय (रेलवे बोर्ड) रेल भवन रायसिना मार्ग, नई दिल्ली स्थित रेलवे कार्यालय के नियंत्रण में कार्य करती है। इसके अतिरिक्त केन्द्रीय अपराध ब्यूरो इकाई (सेण्ट्रल क्राइम ब्यूरो सेल) भी रेलवे मंत्रालय के अन्तर्गत आती है। किसी भी आपातकालीन स्थिति में यात्री भारतीय रेलवे द्वारा उपलब्ध करवाए गए निम्नलिखित टेलीफोन नंबरों पर संपर्क कर सकते हैं:-

फोन नम्बर

सुरक्षा नियंत्रण इकाई (सिक्यूरिटी कण्ट्रोल सेल):

011-23303982, 23303983, 23303748, 23303784,

011-23387981, 23303656

यदि रेलवे का कोई अधिकारी या कर्मचारी आपसे रिश्वत मांगता है या भ्रष्टाचार में लिप्त है, तो इसकी शिकायत आप निम्नलिखित टेलीफोन नंबरों पर मुख्य सतर्कता अधिकारी या अन्य सतर्कता अधिकारियों से कर सकते हैं:

011-23384439, 23384110, 23389315, 23386270, 23381083, 23366193, 23382297, 23389456, 23387664, 23389617, 23383174, 23381253, 23382618, 23385195, 23070503, 23782435

●●●

6

महत्त्वपूर्ण दस्तावेज खो जाने पर पुलिस को कैसे और क्यों सूचित करें ?

How and why to inform police about loss of important documents?

जब कभी आपसे महत्त्वपूर्ण दस्तावेज जैसे पासपोर्ट, पहचान-पत्र, राशन कार्ड, ड्राइविंग लाइसेंस, एटीएम कार्ड, क्रेडिट कार्ड इत्यादि खो जाता है, तो ऐसी स्थिति में किसी अज्ञात व्यक्ति द्वारा उसके दुरुपयोग की संभावना बनी रहती है। हालांकि ऐसा करना गलत है और यह अपराध की श्रेणी में आता है, पर ऐसी किसी घटना को रोकना आसान नहीं होता है। कोई भी महत्त्वपूर्ण दस्तावेज खो जाने पर हमें बिना देर किए तुरंत उसकी सूचना पुलिस को देनी चाहिए। इसके अतिरिक्त बैंक, पासपोर्ट ऑफिस इत्यादि जो भी सम्बन्धित कार्यालय हैं, उन्हें भी इस बारे में सूचित करना चाहिए ताकि दुरुपयोग को टालने के तत्काल और प्रभावी उपाय किए जा सकें। इसके अलावा जब आप ऐसे किसी दस्तावेज की डुप्लीकेट कॉपी बनवाने जाते हैं, तो सम्बन्धित अधिकारी आपसे उसकी पुलिस रिपोर्ट की कॉपी मांगता है।

पुलिस आपके द्वारा दस्तावेज खोने की सूचना को एक रजिस्ट्रर में दर्ज करती है, जिसे **डेली डायरी रजिस्ट्रर** यानि डी.डी.आर. कहा जाता है। आप पुलिस अधिकारी से डी.डी.आर. में दर्ज की गई सूचना की कॉपी मांग सकते हैं। दस्तावेज इत्यादि खो जाने की सूचना दर्ज करने को डी.डी.एण्ट्री – 'एनसीआर' कहलाती है।

•••

7

चोरी हुए सामान को छुपाने के स्थान की तलाशी कैसे करवाएं ?

How to get a place searched to recover stolen articles?

कल्पना कीजिए कि आपकी चोरी हुए सम्पत्ति या दस्तावेजों को जिस स्थान पर छुपाया गया है, आपको उसका पता चल जाता है। तुरंत जिला मजिस्ट्रेट या सब-डिवीजनल मजिस्ट्रेट या प्रथम श्रेणी मजिस्ट्रेट के सामने अपना आवेदन दाखिल कर उन्हें सूचित करें कि अमुक स्थान पर चोरी की सम्पत्ति छुपाई गई है या अमुक स्थान को चुराए गए सामान को बेचने के लिए प्रयोग किया जा रहा है। आप मजिस्ट्रेट को भरोसा दिलाएं कि आपके द्वारा दी गई सूचना पूरी तरह सही है। मजिस्ट्रेट आपके आवेदन पर किसी पुलिस अधिकारी को उस स्थान पर जाने और तलाशी लेने का अधिकार देते हुए तलाशी का वारण्ट जारी करेगा तथा पुलिस अधिकारी को निर्देश देगा कि चोरी हुई सम्पत्ति या दस्तावेज मिलने पर उसे तुरंत अपने कब्जे में लेकर न्यायालय के सम्मुख पेश करे।

•••

8

पुलिस या न्यायालय से अपनी सम्पत्ति को सुपुर्ददारी पर कैसे छुड़वाएं ?

How to collect property on superdari?

सुपुर्ददारी का मतलब है मुकदमे से जुड़ी किसी भी वस्तु, सम्पत्ति या दस्तावेज को अगला आदेश जारी होने तक किसी व्यक्ति को सौंपना। कानून की भाषा में ऐसे किसी सामान, वस्तु या दस्तावेज को माल आदेश यानि केस प्रापर्टी कहा जाता है। जैसे कि चोरी के मामले में चुराया गया सामान उस मुकदमे की केस प्रापर्टी है। दस्तावेज खो जाने और बाद में किसी अभियुक्त से उनकी बरामदगी उस मुकदमे की केस प्रापर्टी होती है। किसी अपराध को अंजाम देने के लिए प्रयोग किए गए हथियार, सामान या दस्तावेज भी केस प्रापर्टी हैं, जैसे कि हत्या में प्रयोग किया गया रिवाल्वर या चाकू। दुर्घटना के मामले में वह वाहन जिससे दुर्घटना हुई है, मुकदमे की केस प्रापर्टी है।

मुकदमे या जांच के दौरान केस प्रापर्टी को कैसे छुड़वाया जाए ?

मुकदमे या जांच के दौरान अपनी सम्पत्ति या सामान (केस-प्रापर्टी) को छुड़वाने के लिए उसके मालिक द्वारा न्यायालय में आवेदन दिया जाता है। इसके बाद न्यायालय उस मुकदमे या जांच का परिणाम आने तक के समय के लिए, उस सामान की सुनिश्चित सुपुर्दगी का आदेश जारी करता है। आप सम्पत्ति के मालिक होने के नाते, न्यायालय द्वारा दिए गए

निर्देशों का पालन करते हुए अपने स्थान पर किसी अन्य व्यक्ति को भी उस सम्पत्ति की सुनिश्चित सुपुर्दगी हासिल करने के लिए आवेदन करने का अधिकार दे सकते हैं। केस-प्रापर्टी की सुपुर्ददारी हासिल करने के लिए उससे जुड़े सभी आवश्यक कागजातों की कापियां आवेदन के साथ लगानी आवश्यक हैं। साथ ही न्यायालय में उन कापियों की सत्यता साबित करने के लिए मूल दस्तावेज भी साथ रख लेने चाहिए ताकि मजिस्ट्रेट द्वारा मांगे जाने पर उन्हें पेश किया जा सके।

सुपुर्ददारी का इकरारनामा (बाण्ड)

प्राय: केस-सम्पत्ति की सुनिश्चित सुपुर्दगी का आदेश देते समय मजिस्ट्रेट सम्पत्ति के मालिक को वचनपत्र (अण्डरटेकिंग) के रूप में एक इकरारनामा दाखिल करने का निर्देश देता है ताकि जब भी उस सम्पत्ति या वस्तु को न्यायालय में पेश करने को कहा जाएगा, तो वह उसे पेश करे। यह वचनपत्र 100/-रुपए के गैर न्यायिक पत्र (नॉन ज्यूडिशियल स्टैम्प पेपर) पर लिखा जाता है। अलग-अलग मूल्य वाले गैर न्यायिक पत्र न्यायालय परिसर में स्टैम्प विक्रेताओं के पास उपलब्ध रहते हैं। वचनपत्र स्वीकार करने के बाद न्यायालय एक रिलीज आर्डर (सुपुर्दगी आदेश) जारी करता है। सम्पत्ति का मालिक उस आदेश की दस्ती कॉपी भी प्राप्त कर सकता है। वह आदेश सम्बन्धित पुलिस स्टेशन के मालखाना मुंशी (एम.एच.सी.) को जाकर देता है, जिसके बाद मालखाना मुंशी उसको या उसके द्वारा अधिकार प्राप्त किसी व्यक्ति को वह सम्पत्ति सौंप देता है।

अर्थदण्ड (जुर्माना) क्या है ?

ध्यान रहे कि निर्देशानुसार, जब भी आप केस-प्रापर्टी को न्यायालय में पेश करने में असफल होते हैं और चूंकि इसकी जिम्मेदारी पूरी तरह आपकी होती है, परिणामस्वरूप आपको जुर्माने के रूप में वचनपत्र में लिखी गई राशि का भुगतान करना होता है। न्यायालय आपसे वचनपत्र की निर्धारित राशि वसूलता है। अत: कभी भी वचनपत्र के नियम व शर्तो का उल्लंघन नहीं करें।

केस प्रापर्टी (माल-मुकद्दमा) का तुरंत निपटारा

यदि केस-प्रापर्टी खराब होने वाली है या उसके बेकार होने की संभावना है जैसे कि खाने-पीने के सामान, तो न्यायालय जैसा उचित समझे, उसको बेचने या किसी अन्य तरीके से देने का आदेश दे सकता है। विस्फोटक सामग्री को नष्ट करने का आदेश दिया जा सकता है।

फैसला आने पर केस-प्रापर्टी का निपटारा

यदि जांच या मुकदमे की सुनवाई पूरी होने तक केस-प्रापर्टी न्यायालय में ही जमा रहती है, तो मुकदमे का फैसला आने पर न्यायालय उसको नष्ट करने, राज्य को सौंपने या उसके किसी योग्य दावेदार को उसे सौंपने का आदेश दे सकता है। उदाहरण के तौर पर, यदि आपकी कार में अवैध शराब है और पुलिस उसे पकड़ लेती है, तो न्यायालय फैसला सुनाते समय उस कार को राज्य के सुपुर्द करने का आदेश दे सकता है, पर यहां।

यह लिखना उचित है कि उच्चतम न्यायालय ने निर्देश दिये हैं कि माल मुकद्दमे को थाना में अधिक देर तक ना रखा जाये ब्लकि उसका निपटारा किया जाये ताकि माल मुकद्दमा थानों में ही ना गलता-सड़ता रहे।

●●●

9

यदि आप अनजाने में चोरी का सामान खरीद लेते हैं, तो क्या करें?

What to do when you buy stolen-article—innocently

कभी-कभी ऐसा भी हो जाता है कि आप कोई ऐसी सम्पत्ति या सामान खरीद लेते हैं, जो वास्तव में चोरी का होता है, पर आपके पास ऐसा कोई कारण या सबूत नहीं है, जिससे आप यह जानें कि वह सामान चोरी का है। संक्षेप में, यदि आप भूलवश या अनजाने में ऐसी कोई सम्पत्ति या वस्तु खरीद लेते हैं, तो उस स्थिति में अभियुक्त को सजा सुनाते समय न्यायालय आपके आवेदन पर अपराधी को आदेश दे सकता है कि वह आपका पूरा पैसा लौटाए। चोरी का सामान उसके वास्तविक मालिक को सौंप दिया जाता है। चोरी का सामान बेचने से प्राप्त धन को वापस करने का आदेश न्यायालय केवल तभी देता है, जब गिरफ्तारी के समय अभियुक्त के पास से रुपया-पैसा मिला हो। पैसों के भुगतान का आवेदन उसी न्यायालय में करना होता है, जहां वह मुकदमा विचाराधीन होता है।

•••

10

क्या करें, जब आपकी अचल सम्पत्ति पर जबरन कब्जा कर लिया जाए या आपको उससे बेदखल कर दिया जाए?

What to do, when anyone dispossesses you from immovable property?

ऐसे मामलों में जहां जबरन आपकी अचल सम्पत्ति जैसे घर या जमीन पर कब्जा कर लिया जाता है या आपको उससे बेदखल कर दिया जाता है, तो फौज़दारी न्यायालय का फैसला आने के बाद और दोषी को सजा सुनाए जाने के बाद, आप अपनी सम्पत्ति को दोबारा पाने के हकदार बन जाते हैं। ऐसी परिस्थितियों में न्यायालय उस अचल सम्पत्ति को लौटाने का आदेश दे सकता है। न्यायालय को यह अधिकार प्राप्त है कि वह जबरन कब्जा की गई सम्पत्ति को किसी अन्य व्यक्ति से बलपूर्वक खाली करवा कर आपको उसका कब्जा दे।

•••

11

क्या करें जब कोई व्यक्ति गैरकानूनी रूप से किसी दूसरे व्यक्ति को बंधक बना लेता है ?

What to do, when anyone is wrongfully confined by someone?

कोई व्यक्ति गैरकानूनी रूप से किसी दूसरे व्यक्ति को बंधक नहीं बना सकता है। जब कभी आपके किसी रिश्तेदार, सगे-सम्बन्धी या किसी अन्य व्यक्ति को गैरकानूनी तौर पर किसी व्यक्ति द्वारा बंधक बना लिया जाता है, तो ऐसी स्थिति में आप बंधक व्यक्ति की तलाश करवाने के लिए सीआर.पीसी की धारा-97 और 98 के तहत दरखास्त दें।

इस तरह का आवेदन जिला मजिस्ट्रेट, सब डिवीजनल मजिस्ट्रेट या प्रथम श्रेणी मज़िस्ट्रेट के न्यायालय में दाखिल किया जाता है। आवेदन में न्यायिक अधिकारी को संतुष्ट करने वाले तथ्यों का स्पष्ट उल्लेख करते हुए यह बताना चाहिए कि किस व्यक्ति द्वारा किस व्यक्ति को बंधक बनाया गया है तथा इस तरह बंधक बनाना अमुक परिस्थितियों के तहत अपराध की श्रेणी में आता है।

तथ्यों से संतुष्ट होने के बाद मजिस्ट्रेट तलाशी वारण्ट जारी करता है। न्यायालय किसी भी व्यक्ति को तलाशी वारण्ट पर कार्यवाही करने का निर्देश दे सकता है। जिस व्यक्ति को निर्देश दिया जाता है, वह गैरकानूनी रूप से बंधक बनाए गए व्यक्ति की खोजबीन करता है। खोजबीन के बाद बंधक बनाए गए व्यक्ति को छुड़वाकर उस मजिस्ट्रेट

या न्यायिक अधिकार के न्यायालय में पेश किया जाता है, जिसने तलाशी वारण्ट जारी किया था। इसके बाद यह न्यायिक अधिकारी पर निर्भर है कि वह जैसा उचित समझे निर्देश/आदेश जारी कर सकता है।

इसके अतिरिक्त यदि किसी महिला या 18 साल से कम उम्र की लड़की को, किन्ही गैरकानूनी उद्देश्यों के लिए अगवा किया जाता है या गैरकानूनी रूप से बंधक बनाया जाता है, तो उपर्युक्त में से कोई भी न्यायिक अधिकारी आदेश जारी करके बंधक महिला को मुक्त करवा सकता है। इसके बाद वह महिला अपनी इच्छानुसार जीवन जीने के लिए स्वतंत्र होती है। बच्चियों या 18 साल से कम उम्र की लड़कियों को गैरकानूनी कैद से मुक्त करवाने के बाद उसके माता-पिता, अभिभावकों या उसकी जिम्मेदारी लेने वाले किसी अन्य व्यक्ति को सौंप दिया जाता है। गैर कानूनी रूप से बंधक महिलाओं या लड़कियों को रिहा करवाने के लिए सीआर.पीसी की धारा-98 के तहत उपर्युक्त न्यायिक अधिकारियों के न्यायालय में शपथपूर्वक आवेदन दाखिल करना होता है।

●●●

12

आपराधिक शिकायत कौन दर्ज करवा सकता है ?

Who can lodge a criminal complaint?

कोई भी व्यक्ति सम्बन्धित मजिस्ट्रेट या न्यायाधीश के न्यायालय में अपराध की पुष्टि करने वाले तथ्यों की शिकायत दर्ज करवाकर दण्ड प्रक्रिया को शुरू कर सकता है। उदाहरण के तौर पर, चैक बाउंस होने वाले केस को लिखित अधिनियम (नेगोशिएबल इंस्ट्रयूमेण्टल एक्ट) की धारा-142 के तहत, जिसके हक में चैक जारी किया गया, वह व्यक्ति शिकायत कर सकता है।

शिकायतकर्त्ता व्यक्तिगत तौर पर न्यायालय के सम्मुख हाजिर होने में सक्षम होना चाहिए। जहां शिकायत किसी कम्पनी या कॉरपोरेट या सोसायटी के नाम पर की जाती है, वहां यह जरूरी हो जाता है कि उस कम्पनी या कॉरपोरेट का कोई कर्मचारी या अधिकारी न्यायालय में कम्पनी की तरफ से हाजिर हो।

जहां तक एकल स्वामित्व (सोल प्रोपराइटरशिप) का सम्बन्ध है, जैसे कि केवल एक ही व्यक्ति कोई कारोबार करता है, तो शिकायत केवल प्रोपराइटर के विरुद्ध दर्ज करवाई जा सकती है। कम्पनी के मामले में उस कम्पनी से सम्बन्धित कोई भी व्यक्ति, चाहे वह उसका डायरेक्टर हो या मैनेजर या कम्पनी द्वारा अधिकार प्राप्त कोई अन्य व्यक्ति, न्यायालय की प्रक्रिया में कम्पनी की तरफ से शिकायत कर सकता है।

न्यायालय इस बात का पूरा ध्यान रखता है कि कम्पनी के किस अधिकारी द्वारा शिकायत दर्ज करवाई गई है और उसे शिकायत दर्ज करवाने का अधिकार प्राप्त है या नहीं। यदि कम्पनी का कोई मैनेजर या डिप्टी जनरल मैनेजर शिकायत दर्ज करवाता है और उसे कम्पनी के बोर्ड ऑफ डायरेक्टर्स द्वारा शिकायत पर हस्ताक्षर करने या उसे दाखिल करने का अधिकार प्रदान नहीं किया गया है, तो न्यायालय ऐसी गलती को सुधारने का अवसर दे देता है। सुनवाई के दौरान कम्पनी किसी भी समय अपने किसी प्राधिकृत प्रतिनिधि को भेजकर ऐसी गलती को सुधार सकती है।

किन मामलों में शिकायत दाखिल करने से पहले अनुमति की आवश्यकता होती है ?

सी.आर.पी.सी. की धारा-197 के तहत, शिकायत दाखिल करने के लिए सरकारी स्वीकृति प्रदान करने का प्रावधान है। अपने आधिकारिक कर्त्तव्यों का पालन करते हुए जब कोई जनसेवक या सरकारी कर्मचारी कोई गैरकानूनी कार्य या अपराध करता है और उसे अभियुक्त बनाया जाता है, तो ऐसी स्थिति में शिकायत दाखिल करने से पहले इसकी पूर्वानुमति ली जाती है।

यहां यह जानकारी देना भी आवश्यक है कि कुछ आपराधिक मामलों में किसी सक्षम व्यक्ति, अधिकारी या जनसेवक की शिकायत मात्र पर ही कानूनी कार्यवाही शुरू हो जाती है या तब, जब सरकार या सम्बन्धित प्राधिकरण इसकी मंजूरी दे देता है। वास्तव में यह नियम न्यायालय को सम्बन्धित प्राधिकरण सरकार की मंजूरी लिये बिना उसके किसी कर्मचारी, अधिकारी या जनसेवक के विरुद्ध कार्यवाही करने से वंचित करता है।

उदाहरण के तौर पर, केन्द्र के सैन्यबल के किसी सदस्य या सैनिक द्वारा अपने आधिकारिक कर्त्तव्यों का पालन करते हुए यदि कोई अपराध किया जाता है, तो ऐसे मामलों में कोई भी व्यक्ति कार्यवाही करने से पहले न्यायालय, केन्द्र सरकार से इसकी मंजूरी लेता है।

वैवाहिक मामलों से जुड़े अपराधों में पीड़ित व्यक्ति या पीड़िता के किसी भी सम्बन्धी की शिकायत पर मुकदमे की कार्यवाही शुरू हो सकती है। ऐसे मामलों में सी.आर.पी.सी. की धारा-198 में दिए गए प्रावधानों का हवाला दिया जा सकता है।

सी.आर.पी.सी. की धारा-195 के तहत किसी जनसेवक की अवमानना करने, लोक न्याय के विरुद्ध किए गए अपराध तथा गवाही के तौर पर जमा किये गये दस्तावेजों के सम्बन्ध में किये गये अपराधों के लिए मुकदमा चलाने के प्रावधानों का उल्लेख मिलता है।

आपराधिक शिकायत कहां दर्ज करें ?

सामान्यत: किसी अपराध की जांच या मुकदमा उसी अदालत में चलता है, जिसके अधिकारिता क्षेत्र में वह अपराध हुआ है। परन्तु इस सामान्य नियम के अपवाद (सी.आर.पी.सी. की धारा-178 तथा 188) भी हैं। उदाहरण के तौर पर, यदि कोई व्यक्ति पहली पत्नी के रहते हुए दूसरी शादी करता है, तो उसके मामले की जांच या मुकदमा उस न्यायालय में चलाया जा सकता है, जिसके अधिकारिता क्षेत्र में वह अपराध हुआ है या उस न्यायालय में जहां वह अपनी पहली पत्नी के साथ अंतिम समय रहता था या उस न्यायालय में भी जहां अपराध होने के बाद से उसकी पहली पत्नी स्थाई तौर पर रह रही है। एक और उदाहरण लेते हैं। यदि आप सफर पर हैं और आपके साथ कोई अपराध हो जाता है, तो उसकी जांच या मुकदमा उस अदालत में चलाया जा सकता है, जिसके अधिकारिता क्षेत्र में सफर के दौरान वह अपराध हुआ है या उन अदालतों में, जहां से आप सफर करते समय निकले या आपका सामान गुजरा।

इसलिए शिकायत करते समय अपनी याचिका में इस बात का स्पष्ट उल्लेख अवश्य करें कि किस आधार पर वह मामला उस न्यायालय में दाखिल किया गया है। कुछ आपराधिक मामलों की सुनवाई का अधिकार केवल सत्र न्यायालय को प्राप्त होता है, जिसका पीठासीन अधिकारी सेशन जज या अतिरिक्त सेशन जज होता है। कुछ मुकदमे मजिस्ट्रेट के न्यायालय द्वारा सत्र न्यायालय में सुनवाई के लिए भेजे जाते

हैं। इसके अतिरिक्त विशेष अधिनियमों के अन्तर्गत आने वाले कुछ मामले सुनवाई के लिए सीधे सत्र न्यायालय के समक्ष प्रस्तुत किए जाते हैं।

दिल्ली में आम तौर पर कोई भी नई शिकायत मुख्य महानगर दण्डाधिकारी, तीस हजारी न्यायालय, अतिरिक्त मुख्य महानगर दण्डाधिकारी पटियाला हाउस न्यायालय परिसर, कड़कड़डूमा न्यायालय परिसर, रोहिणी न्यायालय परिसर, द्वारका न्यायालय परिसर दिल्ली या मुख्य महानगर दण्डाधिकारी की अनुपस्थिति में सम्बन्धित जिले के अतिरिक्त मुख्य महानगर दण्डाधिकारी के समक्ष प्रस्तुत की जाती है। दूसरे राज्यों में शिकायत पेश होने के पश्चात् सम्बन्धित ज्यूडीशियल मजिस्ट्रेट के पास सुनवाई के लिए भेजी जाती है। इसके अलावा जब कभी किसी न्यायालय को किसी खास तरह के मामलों या नई शिकायतों की सुनवाई के लिए निर्देश किया जाता है, तो ऐसे मामले सीधे उसी न्यायालय में दाखिल किए जा सकते हैं, जिसको सुनवाई करने का निर्देश होता है।

राजधानी दिल्ली में फिलहाल 6 न्यायालय परिसर हैं:-

1. तीस हजारी न्यायालय परिसर।
2. कड़कड़डूमा न्यायालय परिसर।
3. पटियाला हाउस न्यायालय परिसर।
4. रोहिणी न्यायालय परिसर।
5 द्वारका न्यायालय परिसर ।
6. साकेत न्यायालय परिसर।

आपराधिक शिकायत कब दाखिल कर सकते हैं ?

किसी अपराध की शिकायत हमेशा लिखित रूप में दाखिल की जाती है। अवकाश के दिनों को छोड़कर आप कभी भी न्यायालय के कार्य-समय के दौरान अपनी शिकायत दाखिल कर सकते हैं। न्यायालय का समय प्रात: 10.00 बजे से सायं 4.00 बजे तक होता है। किसी-किसी राज्य के किसी-किसी जिला में अदालत प्रात: 7 बजे भी

कामकाज शुरू करता है। गुजरात में शाम की अदालतें भी लगाई जा रही हैं। आमतौर पर महीने के दूसरे शनिवार तथा अवकाश के दिनों में न्यायालय बंद होते हैं। इसके अलावा प्रतिदिन 1.30 से 2.00 बजे या कहीं-कहीं 1 से 1.30 बजे तक मध्यांतर अवकाश होता है। कई न्यायालय परिसरों में फाइलिंग काउण्टर बनाए गए हैं। कहीं-कहीं बनाए जा रहे हैं। दिल्ली में आप 10.00 बजे से 1.30 बजे तक और इसके बाद 2.00 बजे से 2.30 बजे तक नए मामलों को फाइलिंग काउण्टर पर दाखिल कर सकते हैं।

अवकाश के दिनों को न्यायालय में शिकायत दर्ज करवाने की निर्धारित समय-सीमा से बाहर रखा गया है।

क्या शिकायत दर्ज करवाने की कोई समय सीमा है ?

यहां इस बात की जानकारी देना आवश्यक है कि कानून के अनुसार दण्ड न्यायालयों द्वारा अपराध पर कार्यवाही शुरू करने, विचार करने तथा सुनवाई करने की एक समय-सीमा तय की गई है। इस समय-सीमा का उल्लेख सीआर.पीसी की धारा-468 से 471 में किया गया है। कानून द्वारा निर्धारित समय-सीमा के खत्म हो जाने के बाद न्यायालय अपराध पर विचार करने तथा उस मामले की सुनवाई करने से मना कर सकता है। ऐसी परिस्थिति में अपराधी के विरुद्ध न तो मुकदमा चलाया जा सकता है और न ही मामले को जारी रखा जा सकता है। अतः कोई भी अपराध होने पर उसकी शिकायत दर्ज करवाने में देरी नहीं करें।

न्यायालय द्वारा अपराध पर कार्यवाही शुरू करने तथा सुनवाई करने की समय-सीमा का निर्धारण है। ऐसे अपराध के लिए सुनवाई तय की गई सजा या दण्ड के आधार पर होती है। जहां किसी अपराध की सजा केवल जुर्माना है, वहां ऐसी समय-सीमा केवल छह महीने है।

ऐसे अपराध जिसकी सजा एक साल से कम समय की कैद है, उनमें ऐसी समय-सीमा एक साल निर्धारित की गई है। इसके अतिरिक्त ऐसे अपराध जिनके लिए एक साल से तीन साल तक की कैद का प्रावधान है, उनमें ऐसी समय-सीमा तीन साल है।

इस समय-सीमा का आरम्भ कब से शुरू होता है ?

आम तौर पर, समय-सीमा की अवधि अपराधी द्वारा अपराध किये जाने के तारीख से शुरू हो जाती है। कोई मामला ऐसा भी हो सकता है, जिसमें आपको अपराधी द्वारा अपराध किये जाने की जानकारी ही नहीं है। यहां तक की पुलिस को भी अपराध के बारे में कोई सूचना नहीं है। ऐसे मामलों में समय-सीमा की शुरुआत उस दिन से आरम्भ होती है, जब आपको या पुलिस के किसी अधिकारी को, जो भी पहले हो, उस अपराध के होने का पता चलता है।

कई बार आपको अपराध होने की जानकारी तो होती है, परन्तु आप यह नहीं जानते हैं कि अपराधी कौन है? यहां तक कि पुलिस भी अपराधी का पता लगाने में नाकामयाब रहती है। ऐसे मामलों में ऐसी समय-सीमा की शुरुआत उस दिन से होती है, जब आपको यानि शिकायतकर्त्ता को या पुलिस के उस अधिकारी को, जो उस मामले में जांच-पड़ताल कर रहा है, अपराधी के बारे में पता चलता है या दोनों में से जिसे पहले पता चले।

क्या उपर्युक्त समय-सीमा को बढ़ाया जा सकता है ?

यद्यपि, दण्ड प्रक्रिया संहिता (कोड ऑफ क्रिमिनल प्रोसीजर) के अंतर्गत न्यायालय द्वारा अपराध पर कार्यवाही शुरू करने, विचार करने तथा मुकदमे की सुनवाई करने की कानूनी समय-सीमा का स्पष्ट उल्लेख किया गया है, परन्तु इसके बावजूद न्यायालय उचित समझे तो इस समय-सीमा को बढ़ा सकता है। न्यायालय अपराध पर विचार करने और कार्यवाही शुरू करने की समय-सीमा को बढ़ा भी सकता है और समय-सीमा समाप्त होने के बाद भी मामले में कार्यवाही शुरू कर सकता है। हां, इस सम्बन्ध में आपको विलम्ब का कारण अवश्य बताना होगा। यदि आप शिकायतकर्त्ता हैं, तो आपको शिकायत के साथ समय-सीमा बढ़ाने के लिए एक प्रार्थना-पत्र भी देना होगा, जिसमें विलम्ब के कारणों तथा तथ्यों का उल्लेख करते हुए न्यायालय से समय-सीमा बढ़ाने के लिए निवेदन करना होता है। इस तरह के

प्रार्थना-पत्र या आवेदनों पर **एक रुपया और पच्चीस नये** पैसे की कोर्ट फीस स्टैम्प चिपकानी आवश्यक होती है।

अतः न्यायालय न्याय के हित में कानून द्वारा निर्धारित समय-सीमा के समाप्त करने के बाद भी मामले पर विचार तथा कार्यवाही शुरू कर सकता है। अवकाश के दिन या किन्हीं अन्य कारणों से न्यायालय के बंद रहने के दिन को उपर्युक्त को कानून द्वारा निर्धारित समय-सीमा से बाहर रखा गया है।

शिकायत दाखिल करते समय कितने रुपए की कोर्ट फीस जमा करवानी होती है ?

न्यायालय में शिकायत दाखिल करते समय याचिका-पत्र पर कोर्टफीस के रूप में केवल **एक रुपए और पच्चीस नए पैसे** की कोर्टफीस-स्टैम्प चिपकानी होती है। अलग-अलग मूल्य की कोर्टफीस-स्टैम्प न्यायालय-परिसर में बैठे स्टैम्प-विक्रेताओं या सरकार द्वारा मान्यता प्राप्त दुकानों से खरीदी जा सकती है।

●●●

13

न्यायालय द्वारा अभियुक्त के खिलाफ मुकदमे की कार्यवाही शुरू करने से पहले शिकायतकर्त्ता/वादी को क्या कदम उठाने चाहिए ?

Steps to be taken by a complainant before issuance of process by court against accused

न्यायालय में मुकदमे की कार्यवाही शुरू होने से पहले शिकायतकर्त्ता को शिकायत के साथ उसकी एक कॉपी तथा गवाहों की सूची अवश्य लगानी चाहिए। मुकदमे से सम्बन्धित कोई भी दस्तावेज अदालत में जमा करते समय फार्म पर उसका विवरण अवश्य दें।

'प्रोसेस फीस' यानि 'आदेशिका शुल्क' वह शुल्क है, जिसे गवाहों को समन जारी करने या दूसरी पार्टी को नोटिस भेजने के लिए अदा किया जाता है। मजिस्ट्रेट या सिविल जज के न्यायालय में समन या नोटिस भेजने के लिए **75 पैसे** की प्रोसेस फीस अदा करनी होती है। इसी तरह अतिरिक्त जिला एवं सत्र न्यायाधीश के न्यायालय में **1.50 रुपए** की प्रोसेस फीस अदा करनी होती है। **75 पैसे और 1.50 रुपए** की प्रोसेस फीस केवल चार पक्षों/पार्टियों/गवाहों को सम्मन जारी करने के लिए है। यदि किन्हीं मामलों में चार से अधिक पक्षों/पार्टियों को समन जारी करना होता है, तो प्रत्येक अगले चार पक्षों/पार्टियों/गवाहों के लिए उतने ही मूल्य यानि मजिस्ट्रेट या सिविल

जज के न्यायालय में **75 पैसे** और अतिरिक्त जिला एवं सत्र न्यायाधीश के न्यायालय में **1.50 रुपए** की प्रोसेस फीस अदा करनी होती है। प्रोसेस फीस कोर्ट स्टैम्प के रूप में जमा की जाती है। जब न्यायालय किसी मामले में गवाहों को समन जारी करने का आदेश दे देता है, तो प्रोसेस-फीस फार्म पर निर्धारित मूल्य की कोर्ट-स्टैम्प चिपकाकर उसे कोर्ट के अहलमद के पास जमा करना चाहिए। कोर्ट-स्टैम्प तथा प्रोसेस-फीस फार्म न्यायालय-परिसर के अंदर बैठे स्टैम्प विक्रेताओं या सरकार द्वारा मान्यता प्राप्त ठिकानों पर उपलब्ध होती हैं। ध्यान रहे कि न्यायालय द्वारा समन जारी करने का आदेश दिए जाने के बाद प्रोसेस-फीस फार्म को अहलमद के पास जमा करना होता है। अतः जब भी न्यायालय समन जारी करने का आदेश दे, आप एक-दो दिन के भीतर गवाहों/अभियुक्तों/पार्टियों के सही पतों के साथ प्रोसेस-फीस फार्म को जमा करवा दें।

●●●

14

मुकदमे की पैरवी अदालत के सामने कौन करता है ?

Who can conduct prosecution in a criminal case

सामान्यतः दण्ड न्यायालयों में एक जन-अभियोक्ता यानि पब्लिक प्रोसीक्यूटर होता है, जो मुकदमे की पैरवी करता है, परन्तु कुछ परिस्थितियों में शिकायतकर्त्ता होने के नाते आप स्वयं भी बिना किसी वकील की सहायता के अपने मामले की पैरवी कर सकते हैं। इस तरह आपको अपने लिए कोई वकील करने की आवश्यकता नहीं। मुकदमे की सुनवाई करने वाला पीठासीन मजिस्ट्रेट आपको मुकदमे की पैरवी करने की अनुमति दे सकता है।

यदि आप अपने लिए किसी वकील को नियुक्त करते हैं और उसे न्यायालय में किसी व्यक्ति के विरुद्ध मुकदमा चलाने का निर्देश देते हैं, तब भी पब्लिक प्रोसीक्यूटर या सहायक पब्लिक प्रोसीक्यूटर ही उस मुकदमे की पैरवी करता है और आपका वकील पब्लिक प्रोसीक्यूटर या सहायक पब्लिक प्रोसीक्यूटर के सहायक के तौर पर कार्य करता है। मामले में गवाही समाप्त हो जाने के बाद (सीआर.पी.सी की धारा 302 में) न्यायालय चाहे तो आपके वकील को लिखित बहस दाखिल करने की अनुमति दे सकता है।

•••

15

क्या करें जब न्यायालय आपको बतौर अभियुक्त समन जारी करता है ?

What to do, if one is summoned as an accused by the court?

यदि आपने कोई अपराध किया है, जिसके लिए न्यायालय ने आपको समन भेजा है और आपने उसे प्राप्त किया है, तो आपको अवश्य ही सुनवाई के दिन निर्धारित समय पर न्यायालय में हाजिर होना चाहिए। शिकायती मामले में **प्रोसेस सर्वर**, जिसे **आदेश वाहक** भी कह सकते हैं, न्यायालय द्वारा जारी किए गए समन को आप तक पहुंचाता है। समन भेजने का काम रजिस्टर्ड पोस्ट या कोरियर द्वारा भी किया जाता है और यदि आप इन दोनो में से किसी भी माध्यम से भेजे गए समन को प्राप्त करते हैं, तो आपको निश्चित तारीख पर न्यायालय में हाजिर होना होगा। समन पर जारी करने वाले न्यायालय का नाम, पेश होने की तारीख, उस व्यक्ति का नाम जिसने आपके विरुद्ध शिकायत दर्ज करवाई है तथा अपराध जिसमें आपको अभियुक्त बनाया गया है इत्यादि सूचनाओं का स्पष्ट उल्लेख होता है।

अभियुक्त पर समन की तामील (Service) किस प्रकार करवाई जाती है ?

न्यायालय द्वारा भेजे गए समन के साथ उसकी एक कॉपी, शिकायत-पत्र तथा अन्य दस्तावेजों (यदि कोई हैं तो) की कॉपियां साथ भेजी जाती हैं। समन प्राप्ति के सबूत के तौर पर उसकी नकल पर अपने हस्ताक्षर

या अंगूठे का निशान लगाकर आप समन की मूल कॉपी को प्रोसेस सर्वर से प्राप्त कर सकते हैं। यदि आप उस समय घर पर उपस्थित नहीं हैं, तो आपके परिवार का कोई भी वयस्क सदस्य प्रोसेस सर्वर से समन को प्राप्त कर सकता है। ध्यान रहे कि जब भी आप प्रोसेस सर्वर से समन लें, तो उसके साथ शिकायत तथा अन्य दस्तावेजों की कॉपियां लेना नहीं भूलें। यदि समन के साथ कोई प्रतिलिपि संलग्न नहीं है, तो हस्ताक्षर देते समय उसका जिक्र समन की नकल पर अवश्य कर दें। प्रोसेस सर्वर उस कॉपी को अपनी रिपोर्ट सहित न्यायालय में जमा करता है। इस तरह आपके द्वारा दस्तावेज नहीं दिए जाने की सूचना न्यायालय के रिकार्ड पर आ जाती है। आपके द्वारा समन की कॉपी पर लिखी गई टिप्पणी तथा उस पर प्रोसेस सर्वर की रिपोर्ट न्यायालय में पेशी के समय आपकी बात की पुष्टि करती है। आपके अनुरोध पर न्यायालय आपको शिकायत और दस्तावेजों की कॉपियां उपलब्ध करवाने का आदेश देता है।

यदि आप जानबूझ कर समन की तामील से बचने का प्रयास करते हैं, तो अदालत क्या कार्यवाई कर सकती है ?

यदि आप जानबूझ कर समन लेने से इनकार करते हैं या समन की तामील नहीं करते हैं, तो न्यायालय को ऐसी शक्तियां प्राप्त हैं, जिसका प्रयोग करके आपसे समन की तामील करवाई जा सकती है। यदि आप तयशुदा तारीख पर समन की तामील करके पेश होने में असफल रहे हैं और इसके लिए आपके पास कोई ठोस कारण भी नहीं है, तो न्यायालय आपको हिरासत में लेने जैसी कड़ी कार्रवाई भी कर सकता है। इसी स्थिति में न्यायालय आपके खिलाफ जमानती या गैरजमानती वारण्ट जारी कर सकता है।

जमानती तथा गैर जमानती वारण्ट की तामील कैसे की जाती है?

जमानती वारण्ट जारी होने पर वह आदेश न्यायालय की मोहर के साथ सम्बन्धित थाने के थाना प्रभारी को भेज दिया जाता है। थाना प्रभारी

वारण्ट की तामील के लिए किसी पुलिस अधिकारी को नियुक्त करता है। जमानती वारण्ट जारी करते समय, न्यायालय थाना प्रभारी को निर्देश दे सकता है कि पकड़ने के बाद आपको निर्धारित राशि के बेलबाण्ड यानि जमानतनामे पर रिहा कर दे। इसका अर्थ यह कदापि नहीं है कि आपको वारण्ट में दर्शायी गई राशि का भुगतान करना है। वास्तव में जमानतनामा इस बात का आश्वासन है कि आप निर्धारित दिनांक को न्यायालय में पेश होंगे और यदि आप इसमें असफल होते हैं, तो उस स्थिति में आपको वह राशि बतौर जुर्माना न्यायालय में जमा करनी होगी। आपके द्वारा अदा की गई जमानत की राशि को राज्य के कोष में जमा कर दिया जाता है।

कुछ मामलों में न्यायालय निश्चित राशि का जमानती वारण्ट जारी करते समय एक या अधिक जमानतियों के निर्देश भी जारी कर सकता है। ऐसा निर्देश जारी होने पर आपको बतौर आश्वासन बेलबाण्ड पर हस्ताक्षर करने के साथ-साथ अपने लिए जमानतियों का प्रबन्ध भी करना होगा। इसका अर्थ यह है कि आपके साथ किसी अन्य व्यक्ति या व्यक्तियों को भी आपकी जमानत देनी होगी और उसे भी आपके साथ-साथ जमानतनामे पर हस्ताक्षर करके यह आश्वासन देना होता है कि वह सुनवाई की निर्धारित तारीख पर आपको न्यायालय में पेश करेगा।

यदि आप अभियुक्त हैं और सुनवाई की तारीख पर न्यायालय पहुंचने में असमर्थ हैं, तो क्या करें ?

यदि किसी कारणवश आप सुनवाई की तारीख पर न्यायालय नहीं पहुंच सकते हैं, तो आपको तय तारीख से पहले एक प्रार्थना-पत्र के माध्यम से इसकी सूचना न्यायालय को देनी चाहिए तथा व्यक्तिगत तौर पर पेश होने से छूट देने का अनुरोध करना चाहिए। यह प्रार्थना-पत्र आप स्वयं भी न्यायालय को दे सकते हैं या किसी वकील (यदि आपने नियुक्त किया है तो) के माध्यम से भी पेश कर सकते हैं।

अभियुक्त के तय तारीख को न्यायालय में पेश नहीं होने पर अदालत क्या कार्यवाई कर सकती है ?

जब भी आप जमानतनामे की शर्तों के अनुसार सुनवाई की तारीख पर न्यायालय के सम्मुख पेश होने में असफल होते हैं या आपका जमानती आपको न्यायालय में पेश नहीं कर पाता है, तो न्यायालय को यह शक्ति प्राप्त है कि वह कानून के अनुसार आपके और आपके जमानती के खिलाफ कार्यवाही करते हुए दोनों से जमानतनामे में दर्शायी गई राशि को जुर्माने के तौर पर वसूल करे। इसके साथ ही न्यायालय को आपके खिलाफ गैर जमानती वारण्ट जारी करने की शक्ति भी प्राप्त होती है। गैर जमानती वारण्ट जारी होने पर थाना प्रभारी या उसके द्वारा नियुक्त कोई अन्य पुलिस अधिकारी अभियुक्त को गिरफ्तार करके न्यायालय के समक्ष पेश करता है। गैर जमानती वारण्ट के मामले में आपको पुलिस अधिकारी द्वारा जमानत पर रिहा किए जाने की छूट नहीं मिलती है। अतः जब भी अभियुक्त के खिलाफ गैर जमानती वारण्ट जारी होता है, तो उसको हिरासत में लेकर न्यायालय के समक्ष पेश किया जाता है।

एक अभियुक्त को नामजद (भगौड़ा) अपराधी कब घोषित किया जाता है ?

जब न्यायालय पुलिस की इस रिपोर्ट से संतुष्ट हो जाता है कि अभियुक्त गिरफ्तारी से बचने का प्रयास कर रहा है तथा उसकी गिरफ्तारी की कोई संभावना दिखाई नहीं दे रही है, तो ऐसी परिस्थिति में न्यायालय उस अभियुक्त को नामजद या भगौड़ा अपराधी घोषित कर देता है। भगौड़ा अपराधी घोषित होने के बाद अभियुक्त की चल-अचल संपत्ति को कुर्क करके बेचा ज़ा सकता है। न्यायालय ऐसा कदम न्याय के हित तथा अभियुक्त की उपस्थिति को सुनिश्चित करने के लिए उठाता है।

●●●

16

अभियुक्त को गिरफ्तार करते समय पुलिस को क्या कदम उठाने चाहिए?

Steps to be taken by police at the time of arrest of accused

कोई भी पुलिस अधिकारी सीआर.पी.सी की धारा-41 के तहत किसी व्यक्ति को मजिस्ट्रेट के आदेश या वारण्ट के बिना भी गिरफ्तार कर सकता है। यदि आपने कोई असंज्ञेय (साधारण) अपराध किया है, तो सबसे पहले वह आपसे आपका नाम और पता इत्यादि पूछता है। यदि आप अपना नाम और पता बताने से इनकार करते हैं या गलत सूचना देते हैं, तो ऐसी परिस्थिति में वह आपको हिरासत में ले सकता है। ऐसा इसलिए किया जाता है ताकि आपकी सही पहचान का पता लगाया जा सके। अतः कोई अपराध होने पर यदि कोई पुलिस अधिकारी आपसे आपका नाम और पता पूछता है, तो उसे सही जानकारी दें और जो भी वह पूछे उसे सच-सच बता दें।

पुलिस किसी महिला को सूर्योदय से पहले तथा सूर्य अस्त होने के बाद गिरफ्तार नहीं कर सकती है। हां, कुछ मामले इसका अपवाद हो सकते हैं, जिसमें किसी महिला को गिरफ्तार करते हुए समय की पाबंदी नहीं देखी जाती। परन्तु जब भी ऐसी कोई परिस्थिति आती है, तो महिला पुलिस अधिकारी उस क्षेत्र के (जहां वह अपराध हुआ है या जिस क्षेत्र से उस महिला को गिरफ्तार किया जाना है) प्रथम श्रेणी मजिस्ट्रेट से महिला को हिरासत में लेने की पूर्व अनुमति लेती है।

'पुलिस' हिरासत में लिये गए व्यक्ति की आजादी पर जरूरत से ज्यादा प्रतिबंध नहीं लगा सकती है, पर उसे ऐसे प्रतिबंध लगाने का अधिकार अवश्य होता है, जिससे अभियुक्त के हिरासत से भागने की संभावना को टाला जा सके।

हिरासत में लेते समय अभियुक्त को दी जाने वाली जानकारी तथा सूचना

जब कोई पुलिस अधिकारी या अन्य पुलिसकर्मी किसी व्यक्ति को बिना वारण्ट के गिरफ्तार करता है, तो वह अभियुक्त को उस अपराध से जुड़ी पूरी जानकारी देता है, जिसके लिए उसे हिरासत में लिया गया है तथा साथ ही वह अभियुक्त को यह भी बताता है कि उसे उस अपराध के लिए किस आधार पर गिरफ्तार किया गया है।

यदि कोई पुलिस अधिकारी किसी व्यक्ति को बिना वारण्ट के किसी जमानती अपराध के मामले में गिरफ्तार करता है, तो वह अभियुक्त को बताता है कि उसे जमानत मिल सकती है और वह अपने लिए जमानत देने वाले किसी व्यक्ति या व्यक्तियों का इंतजाम कर सकता है।

जब कोई पुलिस अधिकारी किसी व्यक्ति को गिरफ्तार करता है, तो वह उसे निश्चित तौर पर सूचित करता है कि उसे अपने किसी मित्र या रिश्तेदार या किसी अन्य व्यक्ति को अपनी गिरफ्तारी की सूचना देने का पूरा अधिकार है तथा साथ ही वह यह भी बता सकता है कि उसे कहां और किस पुलिस स्टेशन में रखा गया है।

केवल यही नहीं, गिरफ्तार करने वाला पुलिस अधिकारी या कोई दूसरा पुलिसकर्मी भी हिरासत में लिये गए व्यक्ति के मित्र, रिश्तेदार या किसी निकट सम्बन्धी को उसकी गिरफ्तारी की जानकारी दे सकता है। साथ ही वह यह भी जानकारी देता है कि अभियुक्त को इस कारण से पुलिस हिरासत में लिया गया है तथा उसे किस पुलिस स्टेशन में या किस जगह पर बंधक बनाकर रखा गया है। यह सूचना देने के सबूत के तौर पर सम्बन्धित पुलिस अधिकारी सूचना दिये जाने की पुष्टि पुलिस स्टेशन के एक रजिस्टर में करता है।

मजिस्ट्रेट के सामने पेश करना

यदि कोई पुलिस अधिकारी बिना वारण्ट के किसी व्यक्ति को गिरफ्तार करता है, तो उसे इलाके के मजिस्ट्रेट या फिर थाना प्रभारी के सामने पेश करना होता है। बिना वारण्ट के गिरफ्तार किए गए व्यक्ति को पुलिस 24 घण्टे से अधिक हिरासत में नहीं रख सकती है। अभियुक्त की गिरफ्तारी के स्थान से लेकर मजिस्ट्रेट के न्यायालय तक के सफर की अवधि को 24 घंटे की समय-सीमा से बाहर रखा जाता है।

कोई अभियुक्त अपनी डाक्टरी जांच का अनुरोध किस प्रकार कर सकता है ?

गिरफ्तार किया गया व्यक्ति मजिस्ट्रेट के सामने पेश होकर या हिरासत में किसी भी समय अपनी डाक्टरी जांच का निवेदन कर सकता है। इसके लिए वह इस बात को आधार बना सकता है कि उसकी डाक्टरी जांच साबित करेगी कि उसने वह अपराध नहीं किया है। इसके अलावा डाक्टरी जांच के लिए इस बात को भी आधार बनाया जा सकता है कि डाक्टरी जांच से साबित हो जाएगा कि किसी दूसरे व्यक्ति ने उसके शरीर के साथ अपराध किया है या शारीरिक क्षति पहुंचाई है। ऐसे किसी भी अनुरोध पर मजिस्ट्रेट गिरफ्तार किए गए व्यक्ति की किसी मान्यता प्राप्त चिकित्सक से शारीरिक जांच करवाने का निर्देश देता है। यद्यपि मजिस्ट्रेट को ऐसे किसी अनुरोध को अस्वीकार करने की शक्ति भी प्राप्त होती है। यदि मजिस्ट्रेट को लगता है कि चिकित्सा जांच का अनुरोध मामले की सुनवाई को टालने या न्याय की प्रक्रिया का दुरुपयोग करने के लिए किया गया है, तो वह चिकित्सा-जांच के लिए दरखास्त को खारिज कर सकता है।

चिकित्सा जांच के बाद अभियुक्त को उसकी रिपोर्ट की कापी प्राप्त करने का पूरा अधिकार होता है।

किशोर की हिरासत

पुलिस किसी अपराध के लिए अभियुक्त बनाए गए किसी किशोर/किशोरी या बच्चे को पुलिस-स्टेशन में नहीं रख सकती है। किशोर वह है, जिसकी आयु अपराध के समय 18 साल से कम है। ऐसे किशोर को ज्यूवेनाइल न्याय बोर्ड के पास पेश करना होता है।

ऐसे किशोर को रखने के लिए सरकार ने अलग से सुधार-गृह बनाए हैं। इन सुधार-गृहों के निर्माण का उद्देश्य अपराध में लिप्त पाए गए कम उम्र के युवक/युवतियों और बच्चों को खतरनाक और पेशेवर अपराधियों के संपर्क से बचाना है।

•••

17

अभियुक्त को जमानत का अधिकार

Rights of bail of an accused

जब आप बतौर मुलजिम किसी विचाराधीन आपराधिक मामले में न्यायालय में हाजिर होते हैं–

जब आप बतौर मुलजिम समन या जमानती वारण्ट पर ही सुनवाई की पहली तारीख पर न्यायालय में हाजिर होते हैं, तो सबसे पहले आपको अपने लिए जमानत का आवेदन दाखिल करना चाहिए।

1. **जमानती अपराधों के मामले** में कानून के तहत मुलजिम अधिकार स्वरूप अपने लिए जमानत की मांग कर सकता है। ऐसे मामलों में आपको जमानत के लिए आवेदन देने की आवश्यकता नहीं होती, बल्कि केवल बेलबाण्ड संख्या-45 भरकर न्यायालय में पेश करना होता है।

यदि एक बार अभियुक्त बेलबाण्ड की शर्तों का पालन नहीं करता है यानि बेलबाण्ड में लिखे समय और स्थान पर हाजिर नहीं होता है, तो अगली बार न्यायालय उसकी जमानत याचिका को खारिज कर सकता है। ऐसी स्थिति में अभियुक्त जमानत योग्य अपराध में अधिकारस्वरूप जमानत का हकदार नहीं होता है।

जमानती अपराध के मामले में यदि कोई अभियुक्त गिरफ्तारी के एक सप्ताह के भीतर किसी व्यक्ति को अपने जमानती के तौर पर पेश करने में असफल रहता है, तो पुलिस और न्यायालय उसे जमानत पेश

नहीं कर सकने वाला गरीब व्यक्ति मान लेता है। न्यायालय ऐसे किसी भी व्यक्ति को उसी की जिम्मेदारी पर यानि अपना ही बाण्ड भरने पर जमानत दे देता है। ऐसी हालत में उसे किसी जमानती की जरूरत नहीं होती है।

2. गैर जमानती अपराधों के मामलों में अभियुक्त को अपनी जमानत के लिए न्यायालय के सम्मुख आवेदन दाखिल करना आवश्यक होता है। इसके बाद यह न्यायालय पर निर्भर है कि आपको जमानत दी जाएगी या नहीं। यदि आप जानना चाहते हैं कि कौन-सा अपराध जमानती है और कौन-सा गैर जमानती, तो इसका विस्तारपूर्वक विवरण दण्ड प्रक्रिया संहिता (कोड ऑफ क्रिमिनल प्रोसीजर) में दिया गया है।

यदि कोई अपराध विशेष नियमों तथा अधिनियमों के अन्तर्गत आता है, तो जमानत के लिए उस अधिनियम में दिए गए प्रावधानों के अनुसार दरखास्त दी जाती है।

किन परिस्थितियों में न्यायालय जमानत देने से इनकार कर सकता है ?

यदि न्यायालय को लगता है कि अभियुक्त द्वारा अपराध किए जाने के पुख्ता सबूत मौजूद हैं और उसके द्वारा किए गए अपराध की सजा फांसी या उम्रकैद है, तो वह अभियुक्त को जमानत पर रिहा करने से मना कर सकता है।

महिलाओं तथा बच्चों के मामलों में जमानत

यदि किसी 16 साल से कम उम्र के बच्चे या महिला या बीमार या अत्यंत दुर्बल व्यक्ति को किसी गैर जमानती अपराध के मामले में हिरासत में लिया गया है अथवा उसे संदेह के आधार पर हिरासत में लिया गया है, तो न्यायालय उसकी जमानत का आदेश दे सकता है। यदि न्यायालय इस बात से संतुष्ट है कि ऐसे किसी व्यक्ति को, जिसकी उम्र 16 साल से कम है या वह महिला या बीमार व्यक्ति है, किन्हीं विशेष कारणों से जमानत देना उचित है, तो वह उसे जमानत दे सकता है।

अग्रिम जमानत

क्या करें जब पुलिस जांच या अदालती कार्यवाही के दौरान आपको अपनी गिरफ्तारी की आशंका है ?

किसी गैर जमानती अपराध के मामले में यदि आपको पुलिस जांच या अदालती कार्यवाही के दौरान अपनी गिरफ्तारी की आशंका है, तो आप गिरफ्तारी से पहले अपने लिए जमानत का आवेदन कर सकते हैं। इसे **अग्रिम जमानत** कहा जाता है। अग्रिम जमानत की याचिका सेशन जज या उच्च न्यायालय में पेश की जाती है। जब भी किसी मामले में अग्रिम जमानत स्वीकृत हो जाती है तो थाना प्रभारी (एस.एच.ओ.) को या गिरफ्तार करने आये कोई दूसरा पुलिस अधिकारी अभियुक्त/आवेदनकर्त्ता को गिरफ्तारी के समय न्यायालय के आदेश में लिखी जमानतनामे की शर्तों के आधार पर जमानत पर रिहा करना होता है।

क्या करें जब दहेज या उत्पीड़न के मामले में आपको या किसी सम्बन्धी को गिरफ्तारी की आशंका हो ?

यदि आपकी पत्नी, पुत्रवधू, साली या भाभी ने आपके खिलाफ दहेज, उत्पीड़न और मारपीट का मामला दर्ज कराया है और आपको आशंका है कि पुलिस उस मामले में आपको गिरफ्तार कर सकती है, तो आप न्यायालय में अग्रिम जमानत के लिए याचिका दाखिल कर सकते हैं। अग्रिम जमानत की सुनवाई करते समय सत्र न्यायालय या उच्च न्यायालय सरकारी वकील के माध्यम से पीड़ित पक्ष और पुलिस की बात सुनकर ही कोई फैसला सुनाता है। न्यायालय द्वारा अग्रिम जमानत देने के बाद थाना प्रभारी (एस.एच.ओ.) या गिरफ्तार करने आया कोई दूसरा पुलिस अधिकारी आपको न्यायालय के आदेशानुसार जमानतनामे की शर्तों के आधार पर जमानत पर रिहा कर देता है।

बेलबाण्ड यानि जमानतनामा

बेलबाण्ड यानि जमानतनामा एक तरह का आश्वासन है कि जब भी आपको पुलिस या न्यायालय के सम्मुख पेश होने या किसी अन्य

व्यक्ति को पेश करने के लिए कहा जाएगा, तो आप उस आदेश का पालन करते हुए निर्धारित समय और स्थान पर उपस्थित होंगे या वांछित व्यक्ति को पेश करेंगे। बेलबाण्ड पर आपके अलावा किसी अन्य व्यक्ति को भी यह आश्वासन/गारण्टी देनी होती है कि वह तय तारीख और समय पर आपको सम्बन्धित पुलिस अधिकारी या न्यायालय के सम्मुख पेश करेगा। इसलिए हमेशा ध्यान रखें कि जब भी आप आत्मसमर्पण के लिए पुलिसस्टेशन या न्यायालय में जा रहे हैं और आपको अपनी जमानत के लिए बेलबाण्ड दाखिल करना है, तो किसी व्यक्ति को अपने जमानती के तौर पर अवश्य साथ लेकर जाएं। बेलबाण्ड के छपे हुए नमूने न्यायालय परिसर में विक्रेताओं के पास उपलब्ध रहते हैं। यदि आप बेलबाण्ड पेश करने में असफल हो जाते हैं, तो जांचकर्त्ता पुलिस अधिकारी आपको गिरफ्तार कर सकता है। यदि आप बेलबाण्ड की शर्तों का उल्लंघन करते हैं या बिना किसी कारणवश या छोटे-मोटी वजह से न्यायालय/पुलिस अधिकारी के सम्मुख पेश नहीं होते हैं या पेश होने से मना कर देते हैं, तो आपको जुर्माने की पूरी राशि का भुगतान करना होता है। जुर्माने की यह राशि जमानती आदेश में लिखी बेलबाण्ड की राशि जितनी ही होती है, जो राज्य के खाते में जमा की जाती है। आदेशानुसार आपके न्यायालय में पेश नहीं होनी की स्थिति में आपका जमानती भी आपको न्यायालय में पेश नहीं कर पाने का जिम्मेदार हो जाता है और उसे भी जुर्माने की राशि का भुगतान करना पड़ सकता है।

बेलबाण्ड दाखिल करते समय इन महत्त्वपूर्ण बातों का ध्यान रखना चाहिए

जब भी किसी अभियुक्त द्वारा जमानत पर रिहाई के लिए, न्यायालय के सम्मुख नियमित रूप से तय तारीख पर पेश होने की गारण्टी के तौर पर, बेलबाण्ड दाखिल किया जाता है तथा किसी जमानती को बतौर आश्वासन पेश किया जाता है, तो न्यायालय सबसे पहले इस बात पर गौर करता है कि जो व्यक्ति अभियुक्त की जमानत दे रहा है, उसका अभियुक्त पर कितना नियंत्रण है तथा क्या वह न्यायालय के निर्देशानुसार

अभियुक्त को सुनवाई की तारीख पर न्यायालय में पेश कर पाएगा अथवा नहीं। इसके अतिरिक्त न्यायालय यह भी देखता है कि जमानती की आर्थिक स्थिति जमानत देने लायक है अथवा नहीं। इसलिए जब भी आपको अपनी जमानत के लिए किसी जमानती को न्यायालय में पेश करना हो, तो हमेशा ध्यान रखें कि उसकी आर्थिक स्थिति अच्छी होनी चाहिए तथा वह न्यायालय को, तारीख के दिन और समय पर आपकी नियमित पेशी के लिए संतुष्ट करने वाला होना चाहिए।

अभियुक्त की जमानत देते समय जमानती को न्यायालय के सामने अपनी पहचान, निवास, रोजगार, वेतन या मजबूत आर्थिक स्थिति दर्शाने वाले दस्तावेज प्रस्तुत करने होते हैं। इन दस्तावेजों में जमानती का फोटोग्राफ, राशनकार्ड, पहचान-पत्र, मतदाता पहचान-पत्र, ड्राइविंग लाइसेंस, पैनकार्ड, मासिक वेतन की रसीद, रोजगारदाता द्वारा दिया गया स्थाई रोजगार तथा वेतन का प्रमाणपत्र, किसान विकास-पत्र, लघु या दीर्घावधि जमाराशि की रसीद, बैंक द्वारा दी गई स्थाई जमाराशि यानि फिक्स डिपोजिट की रसीद, जीवन बीमा सम्बन्धित कागजात इत्यादि शामिल हैं। बेलबाण्ड न्यायालय परिसर में विक्रेताओं के पास उपलब्ध रहते हैं। अपनी जमानत के लिए किसी दलाल, नकली जमानती या अज्ञात व्यक्ति के संपर्क में आने से बचें, क्योंकि यह आपके लिए किसी बड़ी मुसीबत का कारण बन सकता है।

●●●

18

अभियुक्त की पेशी के बाद मुकदमा कैसे चलता है ?

How does a case proceed in a Criminal court?

1. अभियुक्त को शिकायत तथा अन्य दस्तावेजों की प्रतियां उपलब्ध करवाई जाती हैं

यदि आप किसी मामले में अभियुक्त हैं, तो आप अधिकार के साथ पुलिस द्वारा अपने विरुद्ध न्यायालय में दाखिल की गई शिकायत या चालान या रिपोर्ट तथा उसके साथ संलग्न किए गए दूसरे कागजात की कॉपियां प्राप्त कर सकते हैं। ये कॉपियां आपको निशुल्क उपलब्ध करवाई जाती हैं। यदि कोई दस्तावेज अधूरा है या उसमें कोई गलती है, तो बिना देर किए तुरंत सही और पूर्ण कॉपियों की मांग करें। शिकायत/अभियोजन तथा उससे जुड़े समस्त महत्त्वपूर्ण दस्तावेजों की कॉपियां आपको उपलब्ध कराना मुकदमे की कार्यवाही का महत्त्वपूर्ण हिस्सा है। सरकार पक्ष तथा पुलिस को यह कॉपियां निशुल्क (मुफ्त) देनी होती हैं।

2. अभियुक्त के खिलाफ आरोप तय करना

किसी भी मामले में मुकदमे की कार्यवाही शुरू करने से पहले न्यायालय अभियुक्त के खिलाफ आरोप तय करता है। न्यायालय शिकायतकर्त्ता, अभियुक्त तथा उनके वकीलों को सुनने के बाद ही

निर्णय लेता है कि अभियुक्त पर लगाए गए आरोपों में से किन-किन आरोपों के तहत उसके विरुद्ध मुकदमा चलाया जाएगा। अभियुक्त के खिलाफ लगाए गए आरोप एक आरोप-पत्र पर संक्षेप में लिखे होते हैं तथा उसमें इस बात का भी स्पष्ट उल्लेख किया जाता है कि अभियुक्त ने कौन-सा अपराध किया है तथा उसके विरुद्ध किन धाराओं के तहत मुकदमा चलाया जाए। कुछ मामलों में अभियुक्त पर आरोप लगाते समय सिर्फ नोटिस दिया जाता है। इसका उद्देश्य अभियुक्त को उन आरोपों या अभियोगों के बारे में सूचित करना है, जिनके तहत उसके विरुद्ध मुकदमा चलाया जाएगा ताकि सुनवाई के दौरान उसको किसी प्रकार की हानि से टाला जा सके।

आरोप-पत्र को अभियुक्त के सामने पढ़ा जाता है तथा उसे इसके बारे में विस्तारपूर्वक समझाया जाता है। आरोप तय होने के बाद अभियुक्त के बयान रिकार्ड किए जाते हैं, यह जानने के लिए कि वह जुर्म कबूल करता है या मुकदमा लड़ना चाहता है।

अभियुक्त द्वारा अपराध को स्वीकार करना

यदि आप न्यायालय के सामने अपना अपराध स्वीकार कर लेते हैं, तो न्यायालय आपको कानून द्वारा तय सजा का फैसला सुनाकर तुरंत मामले को समाप्त कर देता है। लेकिन ध्यान रहे कि अपराध को स्वीकार करना आपकी स्वेच्छा अनुसार होना चाहिए तथा इसमें किसी तरह का दबाव, भय, प्रलोभन, धमकी या जबरदस्ती नहीं होनी चाहिए।

●●●

19

"प्ली बार्गेनिंग" एक नई अवधारणा

Plea bargaining—a new concept

किसी अपराध के लिए दो तरह से सजा दी जा सकती है। अपराधी पर या तो जुर्माना लगाया जा सकता है या उसे कैद की सजा दी जा सकती है। कैद भी दो तरह की होती है- साधारण और कठोर। कुछ अपराधों के लिए कानून में न्यूनतम सजा का प्रावधान किया गया है। इस तरह अभियुक्त को कानून द्वारा यह सुविधा दी गई है कि वह अपने को किसी जुर्म के लिए दोषी ठहराये जाने के लिए याचना करते हुए "मोल-भाव" कर सकता है। न्यायपालिका की तकनीकी भाषा में इसे **प्ली बार्गेनिग** कहा जाता है।

हाल ही में अपराध-प्रक्रिया संहिता यानि कोड ऑफ क्रिमिनल प्रोसीजर में एक संशोधन किया गया है, जिसके तहत यह अध्याय जोड़ा गया है। ये नए प्रावधान अभियुक्त द्वारा उस पर लगाए गए अभियोगों को लेकर की जाने वाली प्ली बार्गेनिग के सम्बन्ध में हैं।

अभियुक्त को मामले की सुनवाई करने वाले न्यायालय में एक प्रार्थना-पत्र दाखिल करना होता है। प्रार्थना-पत्र के साथ अभियुक्त को अपना एक शपथ-पत्र यानि एफिडेविट भी देना होता है, जिस पर स्पष्ट लिखा जाना होता है कि अभियुक्त, उसके द्वारा किए गए अपराध के लिए और उसके निर्धारित सजा को जानते-समझते हुए, अपनी मरजी से प्ली बार्गेनिंग की दरखास्त दे रहा है।

आपराधिक मामले में समझौता

कानून के तहत कुछ खास तरह के अपराधों में आपसी समझौते व सहमति के आधार पर मामले को समाप्त करने की अनुमति दी गई है। इस सम्बन्ध में आपराधिक-प्रक्रिया संहिता की धारा-320 महत्त्वपूर्ण है। कुछ आपराधिक मामलों में समझौता करने से पहले न्यायालय की मंजूरी आवश्यक है, जबकि कुछ में बिना न्यायालय की अनुमति के भी समझौता किया जा सकता है।

●●●

20

मध्यस्थता क्या है?

Mediation

हाल ही में भारत की न्यायपालिका में समझौते के आधार पर विवादों के हल की एक नई संकल्पना का जन्म हुआ है। कानूनविदों ने इसे **'न्यायिक मध्यस्थता'** का नाम दिया है। मध्यस्थता की कार्यवाही के दौरान एक पढ़ा-लिखा मध्यस्थ या बिचौलिया मुकदमेबाजी में फंसे दोनों पक्षों के बीच समझौते का आधार तैयार करता है तथा इस आधार पर झगड़े को समाप्त करने में उनकी सहायता करता है। मध्यस्थता की सेवा पूरी तरह निःशुल्क है। इसमें वादियों का मुकदमे पर होने वाला खर्च भी बच जाता है। इस व्यवस्था के तहत मुकदमे की सुनवाई करने वाला न्यायालय आदेश देकर उस मुकदमे को समझौते के आधार पर निपटाने के लिए मध्यस्थ के पास भेजता है। एक मध्यस्थ की भूमिका मामले की सुनवाई करने वाले न्यायाधीश की भूमिका से बिल्कुल अलग होती है।

आपराधिक मामलों में भी मध्यस्थता की प्रक्रिया दोनों पक्षों के लिए काफी मददगार साबित हो सकती है। उदाहरण के तौर पर आईपीसी की धारा-498ए और 406 के मामले या चैक बाउंस वाले मामलों में प्रक्राम्य लिखित अधिनियम (नेगोशिएबल इंस्ट्रुमेण्टल एक्ट) की धारा-138 के मामलों को निपटाने के लिए मध्यस्थता का सहारा लिया जा सकता है। इसके अतिरिक्त भारतीय दण्ड संहिता यानी आईपीसी की धारा-406 या 498 के तहत किसी मामले में यदि समझौते के आधार पर एक पक्ष, दूसरे पक्ष को अपेक्षित सामान या वस्तु लौटाने या एक

साथ प्रेमपूर्वक रहने की बात मान जाता है, तो मामला अपने-आप सुलझ जाता है। सीआर.पीसी के तहत दर्ज शिकायत के किसी मामले में यदि दूसरा पक्ष अपने उत्तरदायित्व से मुक्त होने के लिए पीड़ित को राशि दे देता है या किश्तों में भुगतान करने का वचन कर देता है, तो मामला सुलझ जाता है और मुकदमा समाप्त हो जाता है। इस तरह बहुत से आपराधिक मामले मध्यस्थता के द्वारा सुलझाए जा सकते हैं।

दिल्ली में निम्न मध्यस्ता केन्द्र है :

1. तीसरा तल, तीस हजारी न्यायालय परिसर
   दिल्ली-54, दूरभाष- 23961909
2. प्रथम तल, कड़कड़ूमा न्यायालय परिसर
   दिल्ली-32, दूरभाष- 22309085
3. चतुर्थ तल, रोहिणी न्यायालय परिसर
   दिल्ली-85, दूरभाष- 27554459
4. तीसरा तल, द्वारका न्यायालय परिसर द्वारका, दिल्ली
5. साकेत न्यायालय परिसर, साकेत, दिल्ली

Website: www.delhimediationcentre.gov.in

E-mail: delhimediationcentre@nic.in

●●●

21

मुकदमे की शुरुआत और उसकी अवस्थाएं

Commencement of a trial and its stages

यदि आप अपने खिलाफ लगाए गए आरोपों से असहमत हैं और मुकदमा लड़ना चाहते हैं या न्यायालय आपके द्वारा अपराध स्वीकार करने के कदम को इच्छाविरुद्ध और दबाव में लिया गया निर्णय मानता है, तो ऐसी स्थिति में न्यायालय मुकदमे की कार्यवाही शुरू करने का आदेश देता है। सबसे पहले शिकायतकर्त्ता/अभियोजनपक्ष/राज्य आपके विरुद्ध लगाए गए आरोपों को सही साबित करने के लिए अपने गवाहों को पेश करता है। न्यायालय गवाहों के बयानों को अपने रिकार्ड में दर्ज कर लेता है। अभियुक्त के तौर पर आपको भी उन गवाहों से जिरह करने का पूरा अवसर दिया जाता है और मुकदमे की इस कार्यवाही को **क्रॉस-एक्जामिनेशन** कहा जाता है। जिरह के दौरान अभियुक्त या उसका वकील गवाहों से सवाल करता है। यदि अभियुक्त को मुकदमे में किसी सहायक की आवयकता होती है, तो वह अपने लिए वकील कर सकता है।

अभियोजन या शिकायतकर्त्ता या सरकार द्वारा पेश किए गए गवाहों की गवाही खत्म होने के बाद आरोप को साबित करने वाले जो भी तथ्य गवाही में आते हैं, उन्हें मुलजिम के सामने पढ़ा जाता है और उसे उनका जवाब देना होता है। इसके बाद अभियुक्त को अपने-आपको निर्दोष साबित करने तथा अपने खिलाफ लगाए गए आरोपों को झूठा साबित करने के लिए अपने बचाव में गवाह पेश करने का अवसर दिया

जाता है। इसके बाद मामले को अंतिम बहस के लिए रखा जाता है। बहस के बाद न्यायाधीश पूरे मामले पर विचार करने के बाद अंतिम फैसला सुना देता है।

शिकायत पर दर्ज वारण्ट के मामलों की सुनवाई की शुरुआत पुलिस रिपोर्ट के आधार पर न होकर शिकायत के आधार पर होती है। ऐसे मामलों में सबसे पहले अदालत शिकायतकर्त्ता की गवाही दर्ज करती है और जब अदालत को यह तसल्ली हो जाये कि मुलजिम को समन करने के लिए काफी अच्छे कारण हैं, तो अदालत मुलजिम को पेश होने के लिए आदेश देती है। मुलजिम पेश होकर जमानत करवाता है। एक बार फिर शिकायतकर्त्ता को अपनी गवाही दर्ज करवाने के लिए कहा जाता है। फिर देखा जाता है कि कोई आरोप तय होता है या नहीं। अगर होता है, तो आरोप तय करके उपर्युक्त तरीके से कार्यवाही की जाती है।

अपराध साबित होना (कनविक्शन)

पूरी बहस सुनने के बाद न्यायाधीश रिकार्ड में दर्ज तथ्यों के आधार पर अभियुक्त को दोषी या निर्दोष घोषित कर देता है। न्यायाधीश किसी अभियुक्त को केवल तभी अपराधी या दोषी करार देता है, जब उसके सामने इस बात के उचित प्रमाण होते हैं कि अभियुक्त ने अपराध किया है और वह दोषी है। अभियुक्त को दोषी घोषित करने के बाद न्यायालय उस मामले की सजा पर दोषी के विचार/राय/बात सुनने के लिए रख लेता है।

सजा

सजा पर अपराधी की बात सुनने के बाद न्यायालय उसे कड़ी चेतावनी देकर या फटकार लगाकर या पक्की जमानत के आधार पर रिहा कर सकता है। कई अपराधों के लिए सजा का प्रावधान होता है और उसे इस तरह से रिहा नहीं किया जाता।

चेतावनी

चेतावनी के द्वारा न्यायालय अपराधी को कड़ी फटकार लगाकर तथा भविष्य में दोबारा कोई गलती नहीं करने की चेतावनी देकर छोड़ सकता है।

पक्की जमानत पर छोड़ना अर्थात् सुधरने का मौका देना

अपराधी का दोष सिद्ध हो जाने के बावजूद उसे सुधरने का मौका देकर छोड़ा जा सकता है। आमतौर पर केवल ऐसे अपराधी को पक्की जमानत पर छोड़ा जाता है, जिसकी उम्र 21 साल से कम हो या जिन मामलों में अपराध की सजा 7 साल से कम है और अपराधी का पहले का कोई आपराधिक रिकार्ड नहीं है।

किसी अपराधी को पक्की जमानत के आधार पर छोड़ने से पहले न्यायालय जिला प्रोबेशन अधिकारी की रिपोर्ट मंगवाता है। यह रिपोर्ट देने के लिए वह अधिकारी अपराधी/दोषी से आमने-सामने बैठकर सवाल करता है, उसके पड़ोसियों और परिवार के लोगों से उसके व्यवहार, चरित्र और गतिविधियों की जानकारी एकत्रित करता है। इसके बाद वह अपनी रिपोर्ट न्यायालय को सौंप देता है। जिला प्रोबेशन अधिकारी की रिपोर्ट पर विचार करने के बाद न्यायालय अपराधी को पक्की जमानत पर छोड़ सकता है या उसे ऐसा लाभ देने से इनकार भी कर सकता है।

अपराधी को कितनी समयावधि के लिए जमानत पर छोड़ना है इसका जिक्र भी फैसले में अवश्य किया जाता है। जमानत पर रिहाई के समय अपराधी को एक व्यक्तिगत बाण्ड भरकर किसी जमानती के साथ या बिना जमानती के, जैसा भी न्यायालय का आदेश हो, न्यायाधीश के पास जमा करना पड़ता है। यह बाण्ड न्यायालय के सामने एक आश्वासन है कि जमानत की अवधि के दौरान अपराधी शांति बनाए रखेगा, कोई गलत काम नहीं करेगा तथा सभी के साथ अच्छा व्यवहार करेगा। इसके अलावा यह इस बात का भी आश्वासन है कि अपराधी न्यायालय के निर्देशानुसार हमेशा तय तारीख और समय पर न्यायालय में पेश होगा तथा उसे जो भी सजा दी जाएगी, वह उसे स्वीकार करेगा। यदि अपराधी बाण्ड के नियमों व शर्तों का उल्लंघन करता है, तो उसे उस मामले में सुनाई गई सजा भुगतनी पड़ती है। इसके साथ ही अपराधी

द्वारा बाण्ड की शर्तों का पालन नहीं करने पर न्यायालय कानून के अनुसार अपराधी तथा उसके जमानती पर जुर्माना या अर्थदण्ड भी लगा सकता है।

कुछ मामलों में न्यायाधीश, दोषी को जिला प्रोबेशन अधिकारी की निगरानी में जमानत पर रहने के लिए छोड़ सकता है। ऐसे मामलों में अपराधी को समय-समय पर जिला प्रोबेशन अधिकारी के सम्मुख पेश होना पड़ता है ताकि वह उस पर निगरानी रख सके। अतः जब भी किसी दोषी को ऐसे आदेश पर छोड़ा जाता है, तो उसे स्वयं अपने फायदे के लिए आदेश का उल्लंघन करने से बचना चाहिए तथा बाण्ड की सभी शर्तों का निष्ठापूर्वक पालन करना चाहिए।

जिन मामलों में दोषी को न तो कड़ी चेतावनी दी जाती है और न ही उसे पक्की जमानत पर छोड़ा जाता है, वहां न्यायालय उसे सजा सुनाता है। यह सजा जुर्माना या कैद या कैद और जुर्माना दोनों या मृत्युदण्ड इत्यादि किसी भी रूप में हो सकती है। अपराधी को सुनाई गई कैद की सजा साधारण या कठोर कुछ भी हो सकती है।

अपराध साबित हो जाने के बाद अभियुक्त की जमानत

न्यायालय में अपराध सिद्ध हो जाने के बाद यदि अभियुक्त न्यायालय से यह प्रार्थना करता है कि वह उस आदेश के खिलाफ अपील दाखिल करेगा, तो न्यायालय उसे जमानत पर रिहा कर सकता है, परन्तु यह जमानत केवल ऐसे मामलों में दी जाती है, जहां अभियुक्त को तीन साल से कम की सजा सुनाई गई हो और अपराध साबित होने से पहले वह उस मुकदमे में जमानत पर बाहर हो। इसके अलावा यदि अपराधी ने कोई जमानती अपराध किया है और वह पहले से जमानत पर है, तो सजा सुनाने वाला न्यायालय उसे जमानत दे देता है। ऐसे सभी मामलों में सजा पर अपील दायर करने की समय-सीमा या अपील का फैसला आने तक रोक लग जाती है।

अपराध साबित होने के बाद जमानत पर रिहाई का आदेश अपीलीय अदालत द्वारा भी दिया जा सकता है।

अपील और पुनर्विचार याचिका

न्यायालय अपराध साबित होने के बाद अभियुक्त के खिलाफ सजा का आदेश सुना देता है, पर यदि अभियुक्त उस आदेश से सहमत नहीं है, तो वह उसके खिलाफ उच्चतर न्यायालय में अपील दाखिल कर सकता है। उदाहरण के तौर पर यदि सजा का फैसला मैट्रोपोलिटन या ज्यूडिशियल मजिस्ट्रेट द्वारा सुनाया गया है, तो उसके खिलाफ सेशन कोर्ट में अपील दाखिल की जा सकती है।

यदि मुलजिम निचली अदालत में अपनी मरजी से अपना अपराध स्वीकार कर लेता है, तो उस मामले में अपील केवल तभी की जा सकती है, जब सजा की अवधि या सजा को कानूनी तौर पर अनुचित कहा जाये यानि कि वह उस आदेश के खिलाफ इस आधार पर अपील दायर कर सकता है कि उसको दी गई सजा की अवधि बहुत ज्यादा है या उसे जेल भेजने की जगह पक्की जमानत पर छोड़ देना चाहिए।

यदि किसी मामले में दोषी को सत्र न्यायालय द्वारा सजा सुनाई गई है, तो उसकी अपील उच्च न्यायालय में की जाती है।

कुछ आदेशों को पुनर्विचार याचिका के माध्यम से भी चुनौती दी जा सकती है। **पुनर्विचार याचिका** अपील से अलग होती है। ऐसी याचिका उस आदेश को चुनौती देने के लिए दाखिल की जाती है, जिसके द्वारा मुलजिम या किसी पक्ष के महत्त्वपूर्ण अधिकार का हनन होता हो। किसी आदेश को चुनौती देने के लिए दायर की गई पुनर्विचार याचिका सुनवाई करने वाले न्यायालय से उच्चतर न्यायालय में दाखिल की जाती है। उदाहरण के तौर पर यदि कोई विवादास्पद आदेश मैट्रोपोलिटन या ज्यूडिशियल मजिस्ट्रेट के न्यायालय द्वारा सुनाया गया है, तो उसकी पुनर्विचार याचिका सेशन कोर्ट या उच्च न्यायालय में दाखिल की जाती है। सेशन कोर्ट के आदेश को चुनौती देने के लिए पुनर्विचार याचिका हमेशा उच्च न्यायालय में दाखिल करनी होती है। पुनर्विचार याचिका दाखिल करने के लिए 90 दिन की समय-सीमा तय की गई है।

●●●

22

प्रतिलिपि इकाई (कॉपी या नकल ब्रांच)

Copying Agency

आम बोलचाल की भाषा में इसे **कॉपी एजेंसी** कहा जाता है। कई बार मुकदमे की कार्यवाही के दौरान या बाद में वादियों और प्रतिवादियों को न्यायालय के रिकार्ड में उपलब्ध दस्तावेजों, कागजात या अन्य रिकार्ड की आवश्यकता पड़ सकती है। न्यायाधीश द्वारा समय-समय पर दिए गए आदेशों को अपने निजी रिकार्ड में रखने या किसी दूसरे अफसर या न्यायालय के सम्मुख पेश करने के लिए भी उन आदेशों की कॉपियों (नकलों) की आवश्यकता होती है। विधि द्वारा ऐसे नियम भी बनाए गए हैं, जिनके तहत कुछ विशेष परिस्थितियों में न्यायालय द्वारा दिए गए आदेशों तथा गवाहों के बयान इत्यादि की कॉपियां उपलब्ध करवाई जाती हैं। कुछ विचाराधीन मामलों में, अकसर प्रमाणित कॉपी संबद्ध न्यायालय के कर्मचारियों द्वारा आवेदक/प्रार्थी को निःशुल्क उपलब्ध करवाई जाती है, उदाहरण के तौर पर जेल में बंद किसी विचाराधीन कैदी को न्यायालय के रिकार्ड की कॉपी निःशुल्क दी जाती है।

न्यायालयों में एक कॉपी एजेंसी भी होती है। यह इकाई मुकदमे के दस्तावेज या आदेश की तसदीकशुदा कॉपी उपलब्ध करवाती है। कॉपी लेने के लिए छपे हुए आवेदन-पत्र के नमूने न्यायालय-परिसर के भीतर बैठे विक्रेताओं के पास हर समय उपलब्ध रहते हैं। तसदीकशुदा कॉपी के आवेदन-पत्र में आवेदक का नाम, केस का नंबर, पार्टियों के नाम, अपराध जिसके लिए मुकदमा चल रहा है, न्यायालय का नाम जहां वह

रिकार्ड मौजूद है, सुनवाई की अगली तारीख तथा कॉपी लेने के उद्देश्य इत्यादि का उल्लेख किया जाता है। आवेदक द्वारा भरे गए आवेदन-पत्र पर कॉपी के पेजों की संख्या के अनुसार निर्धारित मूल्य की कोर्ट फीस स्टैम्प चिपकानी होती है।

यदि मामला न्यायालय में विचाराधीन है, तो आवेदन-पत्र संबद्ध न्यायालय के रीडर के पास जमा किया जाता है। इसके बाद उस न्यायालय का अहलमद या कोई दूसरा क्लर्क आवेदन-पत्र पर अपनी रिपोर्ट देता है कि मांगे गए दस्तावेज न्यायालय के रिकार्ड में उपलब्ध हैं अथवा नहीं। अहलमद की रिपोर्ट मिलने के बाद न्यायाधीश आवेदक को नियमानुसार उन दस्तावेजों/आदेशों की प्रमाणित प्रतिलिपि देने के लिए अपनी स्वीकृति दे देता है। इसके बाद वह आवेदन-पत्र कॉपी-एजेंसी के इंचार्ज के पास जमा किया जाता है। यदि आवेदक को किसी दस्तावेज या आदेश की प्रमाणित कापी तुरंत चाहिए, तो अतिरिक्त फीस देकर कॉपी तुरंत प्राप्त की जा सकती है। प्रमाणित कॉपी का आवेदन प्राप्त होने के बाद कॉपी-एजेंसी का कर्मचारी आवेदक को प्रमाणित कापी लेने के लिए एक तारीख देता है। तारीख इसलिए दी जाती है ताकि उन दस्तावेजों को न्यायालय से मंगवाकर उनकी कॉपियां तैयार की जा सकें। इसके बाद आवेदक तय तारीख को कॉपी एजेंसी में जाकर उन कापियों को प्राप्त कर सकता है। यदि कॉपी की फीस जमा की गई फीस से ज्यादा बनती है, तो आवेदक को कॉपी प्राप्त करते समय नियमानुसार बकाया फीस का भुगतान करना पड़ता है।

फैसला हो गए मुकदमे में से किसी दस्तावेज की कॉपी के लिए दस्तावेज की कापी के लिए दरखास्त सीधे रिकार्ड रूम के इंचार्ज को दी जाएगी।

आपराधिक शिकायत का नमूना

श्री/सुश्री...मुख्य महानगर दण्डाधिकारी/मुख्य न्यायिक दण्डाधिकारी के न्यायालय में

या

श्री/सुश्री...अति. मुख्य महानगर दण्डाधिकारी/मुख्य न्यायिक दण्डाधिकारी के न्यायालय में (निर्धारित मूल्य की कोर्ट स्टैम्प फीस यहां चिपकाएं)

....

(शिकायतकर्त्ता का नाम लिखें) शिकायतकर्त्ता

बनाम

....

(अभियुक्त का नाम लिखें) प्रतिपक्ष

(उस पुलिस स्टेशन का नाम लिखें जिसके क्षेत्राधिकार में वह मामला/शिकायत आता है)

(भारतीय दंड संहिता की धारा 323 और 506 के तहत किए गए अपराधों के लिए शिकायत)

शिकायतकर्त्ता आदरसहित निवेदन करता है

1. कि प्रार्थी/शिकायतकर्त्ता .... इलाके में . ...पते पर रहता है। उपर्युक्त नामित अभियुक्त शिकायतकर्त्ता का पड़ोसी है तथा दोनों के घर पास-पास स्थित हैं।
2. कि अभियुक्त ने एक खूंखार कुत्ता पाल रखा है। अकसर वह अपने इस कुत्ते को गली में खुला छोड़ देता है। वह कुत्ता रास्ते से आने-जाने वाले लोगों पर भौंकता है और उन्हें काटने दौड़ता है। यही नहीं, पिछले तीन महीनों में इस बात को लेकर मोहल्ले में रहने वाले दूसरे पड़ोसियों से भी अभियुक्त का वैर-द्वेष/खींचतान चल रही है।

3. कि कल शाम, लगभग 7 बजे शिकायतकर्त्ता अभियुक्त से निवेदन करने उसके घर पर गया, यह समझाने कि वह अपने कुत्ते को नियंत्रण में रखे। यह सुनते ही अभियुक्त अपने घर से बाहर आ गया और शिकायतकर्त्ता को चुनौती देते हुए भला-बुरा कहने लगा। शिकायतकर्त्ता ने उसे शांत करने का भरसक प्रयास किया, पर उल्टे वह शिकायतकर्त्ता को गालियां निकालने लगा। शिकायतकर्त्ता ने इस बात पर आपत्ति जताते हुए अभियुक्त को गाली नहीं देने के लिए कहा। इसके बाद अभियुक्त ने शिकायतकर्त्ता को थप्पड़ मार दिया और जब इसपर भी उसका मन नहीं भरा, तो उसने पास में पड़ी एक छड़ी उठाकर शिकायतकर्त्ता के पैरों पर दो बार मारी। परिणामस्वरूप शिकायतकर्त्ता को काफी चोट पहुंची। इसके बाद उसने धमकी दी कि यदि वह दोबारा ऐसी शिकायत लेकर उसके घर आया या मामले को पुलिस में लेकर गया, तो उसे इसके भयानक परिणाम भुगतने पड़ेंगे।
4. कि यह घटना मोहल्ले के बहुत से लोगों ने खुद देखी है, जिनके नाम .... हैं।
5. कि शिकायतकर्त्ता इस मामले की रिपोर्ट करने ....पुलिस स्टेशन में गया था, पर पुलिस द्वारा उसकी शिकायत दर्ज नहीं की गई। इसके बाद शिकायतकर्त्ता ने सिविल अस्पताल जाकर अपनी चोटों पर दवा-पट्टी करवाई।
6. कि शिकायतकर्त्ता ने रजिस्ट्र्ड पोस्ट के माध्यम से वरिष्ठ पुलिस अधीक्षक या उपायुक्त पुलिस को इस मामले की शिकायत भेजी, पर इसके बावजूद अभियुक्त के खिलाफ कोई कार्यवाही नहीं की गई।

उपर्युक्त परिस्थितियों में शिकायतकर्त्ता अभियुक्त के खिलाफ कानूनी कार्यवाही करने की प्रार्थना करता है।

(शिकायतकर्त्ता)

शिकायत के साथ संलग्न किए जाने वाले दस्तावेज :-

1. गवाहों की सूची न्यायालय में दाखिल की जाती है। (शिकायत में लगाए गए आरोपों को सिद्ध करने के लिए न्यायालय में जिन गवाहों की गवाही अपेक्षित है, उनका नाम लिखें। साथ ही यह भी बताएं कि उनकी गवाही किसी तरह मामले के फैसले से सम्बन्धित है)।
2. आपकी शिकायत को सही सिद्ध करने वाले समस्त सम्बन्धित दस्तावेजों की एक सूची साथ लगाएं। (सूची में दस्तावेजों का विवरण भी दें, जैसे पुलिस या वरिष्ठ अधीक्षक पुलिस या उपायुक्त पुलिस को दी गई शिकायत की कापी तथा कोई फोटो इत्यादि)।

पुलिस-स्टेशन या न्यायालय से माल मुकदमा

छुड़वाने के लिए आवेदन पत्र का नमूना

(जैसे कि अपना स्कूटर, कार, जेवरात, रुपये आदि)

महानगर दण्डाधिकारी या प्रथम श्रेणी न्यायिक महानगर दण्डाधिकारी के न्यायालय में प्रस्तुत

(यहां रुपए 1.25 की कोर्ट फीस स्टैम्प चिपकाएं)

राज्य .... बनाम (अभियुक्त का नाम और पता)

एफ.आई.आर का नम्बर ....

दिनांक ....

धारा/उपधारा ....

पुलिस-स्टेशन ....

(स्कूटर नंबर .... छुड़वाने के लिए आवेदन)

प्रार्थी सादर निवेदन करता है

1. कि प्रार्थी स्कूटर का पंजीकृत मालिक है, जिसकी पंजीकरण संख्या .... है।
2. कि दिनांक .... को लगभग.......................... बजे प्रार्थी ने अपना स्कूटर अपने मकान के सामने खड़ा किया था, पर सुबह .... बजे के लगभग देखा, तो स्कूटर वहां से गायब था। आसपास बहुत ढूंढ़ने के बावजूद स्कूटर का कोई अता-पता नहीं लगा। इसके बाद प्रार्थी ने तुरंत .... पुलिस-स्टेशन जाकर इसकी सूचना दी। प्रार्थी की सूचना पर पुलिस ने एफ.आई.आर संख्या .... दिनांक .... दर्ज कर कार्यवाही शुरू की।
3. कि कल .... पुलिस-स्टेशन के पुलिसकर्मियों ने प्रार्थी को किसी चोर से स्कूटर मिलने की सूचना दी। इसके बाद मैं पुलिस-स्टेशन गया और वहां पहुंचकर अपने स्कूटर की शिनाख्त की।

4. कि पुलिस ने मुझे बताया है कि अब उन्हें जांच इत्यादि के लिए मेरे स्कूटर की आवश्यकता नहीं है। मुझे अपने स्कूटर की आवश्यकता है और क्योंकि यह फिलहाल पुलिस स्टेशन में ही खड़ा है, इसलिए उपयोग में नहीं आने के कारण इसके खराब होने की भी संभावना है।

अतः मैं आपके सम्मुख विनम्र प्रार्थना करता हूं कि मेरे स्कूटर को सुपर्ददारी पर छोड़ दिया जाए। मैं आपको विश्वास दिलाता हूं कि जब भी पुलिस या न्यायालय को इसकी आवश्यकता होगी तो मैं इसे अवश्य पेश करूंगा। इस सम्बन्ध में मैं आवश्यक अनुबंध-पत्र या वचन-पत्र भी देने को तैयार हूं।

आपकी इस कृपा के लिए मैं आपका अत्यंत आभारी रहूंगा।

(प्रार्थी)

पता ....

....

....

जमानत के लिए आवेदन-पत्र का नमूना

महानगर दण्डाधिकारी या प्रथम श्रेणी न्यायिक दण्डाधिकारी के न्यायालय में प्रस्तुत

राज्य .... बनाम .... (अभियुक्त का नाम और पता)

प्राथमिक सूचना रिपोर्ट की संख्या ....

दिनांक .... (एफआईआर नंबर और तारीख लिखें)

धारा .... के अंतर्गत पुलिस-स्टेशन ....

अभियुक्त या प्रार्थी निवेदन करता है –

1. कि अभियुक्त को .... थाने के पुलिसकर्मियों द्वारा दिनांक .... को भारतीय दण्ड संहिता की धारा-326 के तहत गिरफ्तार किया गया है, क्योंकि अभियुक्त पर आरोप था कि उसने दिनांक .... को .... इलाके में .... नाम के व्यक्ति को गंभीर रूप से जख्मी किया है।
2. कि अभियुक्त अपराध होने के समय, स्थान तथा तारीख पर गांव में मौजूद नहीं था और पिछले पांच दिनों से लखनऊ गया हुआ था। अभियुक्त गिरफ्तारी से एक रात पहले ही अपने गांव में लौटा था।
3. कि अभियुक्त के पास से अपराध में प्रयोग की गई कोई वस्तु, सामग्री या हथियार इत्यादि बरामद नहीं हुआ है।
4. कि पुलिस ने किसी तरह की जांच या पूछताछ करने के लिए अभियुक्त की हिरासत की मांग नहीं की है।
5. कि अभियुक्त एक सम्मानित परिवार से सम्बन्ध रखता है, जिसमें उसकी पत्नी और दो बच्चे हैं। आवेदक अपने परिवार में एकमात्र कमाने वाला व्यक्ति है।
6. कि अभियुक्त का अपने पुश्तैनी गांव में अपना घर और जमीन-जायदाद

है, जहां वह परिवार सहित रहता है, इसलिए उसके गायब या फरार होने की कोई संभावना नहीं है।

7. कि अभियुक्त जमानत पर रिहा होने के बाद सबूतों के साथ छेड़छाड़ करने या गवाहों को तोड़ने, धमकाने या लालाच देकर खरीदने का प्रयास नहीं करेगा।

अतः आपसे विनम्र निवेदन है कि मुकदमे का फैसला आने तक अभियुक्त को जमानत पर रिहा कर दिया जाए।

दिनांक :

(आवेदक का नाम)

●●●

23

प्ली बार्गेनिंग : विस्तारपूर्वक विवरण

Plea bargaining in detail

जैसा कि पहले भी बताया जा चुका है, किसी भी अपराध के लिए दोषी को दो तरह से सजा दी जा सकती है – कैद या जुर्माना। कैद भी दो तरह की होती है – साधारण या कठोर। कुछ अपराधों के लिए कानून के तहत न्यूनतम सजा का प्रावधान किया गया है। इस तरह अभियुक्त को सजा सुनाने के समय अपने लिए कम से कम सजा देने की याचना करने की अनुमति दी गई है।

हाल ही में दण्ड–प्रक्रिया संहिता में संशोधन किया गया है। इस संशोधन के द्वारा यदि आप किसी मामले में मुलजिम हैं, तो आप निम्नलिखित के आधार पर अपने लिए दरखास्त देकर **प्ली बार्गेनिंग** की याचना कर सकते हैं।

1. तथ्य
2. अभियोग या आरोप
3. सजा

"प्ली बार्गेनिंग" क्या है ?

प्ली बार्गेनिंग का तात्पर्य अभियुक्त और अभियोजन के बीच एक तरह के समझौते से है। प्ली बार्गेनिंग के तहत अभियुक्त मुकदमे से जुड़ी कुछ बातों को और वास्तविकता को स्वीकार कर लेता है और बदले में दूसरा पक्ष या सरकारी वकील यह विश्वास दिलाता है कि वह गवाही के द्वारा या दौरान बाकी के आरोपों को न्यायालय में नहीं उठाएगा।

कारण यह है कि मुलजिम को यह अनुमति दी जाती है कि यदि वह अपना अपराध स्वीकार कर लेता है, तो उसके विरुद्ध लगाए गए आरोप कम हो जाएंगे, जिसके परिणामस्वरूप उसे सजा भी कम मिलेगी। सजा के सम्बन्ध में मुलजिम को यह विश्वास दिलाया जाता है कि यदि वह अपना अपराध स्वीकार कर लेता है, तो उसे कम से कम सजा दी जाएगी या कोई दूसरी तरह की सजा भी दी जा सकती है।

प्ली बार्गेनिंग ही क्यों?

आमतौर पर किसी मुकदमे का फैसला होने में कई साल भी लग जाते हैं। मुकदमे की कार्यवाही के दौरान कई बार ऐसे पहलू भी सामने आ जाते हैं, जिनके कारण मामला लटक जाता है और बरसों-बरस उसका कोई हल नहीं निकल पाता तथा साथ ही मुकदमे पर होने वाला खर्च भी बढ़ता जाता है। ऐसी स्थिति को टालने तथा मुकदमों के शीघ्र, सरल और खर्चरहित निपटान के लिए अब न्यायालय द्वारा प्ली बार्गेनिंग की संकल्पना को महत्त्व दिया जाने लगा है।

यदि प्ली बार्गेनिंग को स्वीकार कर लिया जाता है, तो मामले का तुरंत और संतोषजनक हल निकल आता है। इसके बाद न्यायालय मामले को कुछ इस तरह से खत्म कर सकता है –

1. न्यायालय पीड़ित व्यक्ति के लिए उसे हुए नुकसान के लिए मुआवजा देने का आदेश देते हुए मुलजिम को पक्की जमानत पर छोड़ सकता है या उसे लागू फटकार लगाकर या चेतावनी देकर या प्रोबेशन ऑफ ऑफेण्डर एक्ट अथवा उस समय लागू किसी कानून के तहत तय किए गए उपायों के आधार पर, कम से कम निश्चित सजा देकर मामले को समाप्त कर सकता है।
2. मुलजिम को पक्की जमानत के आधार पर या किसी अन्य कानून का लाभ देकर रिहा किया जा सकता है।
3. जिन अपराधों के लिए कम से कम निश्चित सजा का प्रावधान है, उसमें मुलजिम को उस सजा की आधी सजा देकर मामला समाप्त किया जा सकता है।

4. न्यायालय तय की गई अथवा अधिकतम सजा के चौथे हिस्से के बराबर सजा देकर मामला समाप्त कर सकता है।

अभियुक्त के लिए प्ली बार्गेनिंग के लाभ

जैसा कि पहले भी बताया जा चुका है, प्ली बार्गेनिग के मामले में अभियुक्त द्वारा अपराध स्वीकार करने के बाद उसके खिलाफ लगाए गए आरोप कम कर दिये जाते हैं। आरोपों में कमी का अर्थ है, अपराध की गंभीरता का कम होना। इस तरह आरोप कम होने के बाद मुलजिम को उसके अपराध के लिए तय सजा की तुलना में, कम और हल्की सजा मिलेगी। यदि वह हिरासत में है, तो उसकी दरखास्त स्वीकार होते ही उसे जमानत पर छोड़ा जा सकता है। मामले का निष्कर्ष आने के बाद उसे पक्की जमानत का लाभ देते हुए रिहा किया जा सकता है। इसके अलावा उसको अपने लिए वकील करने की जरूरत नहीं होती है और इस तरह उसका वह पैसा भी बच जाता है, जो उसे लंबे समय तक मुकदमे पर खर्च करना पड़ता।

यह दर्शाता है कि यदि आप मुलजिम हैं और आपने वास्तव में अपराध किया है, तो अपना अपराध स्वीकार करने से, आप सजा में लाभ ले सकते हैं, जबकि मुकदमे का सामना करने का विचार चुनकर आप इस लाभ का मौका खो देते हैं।

पीड़ित वादी को प्ली बार्गेनिंग के लाभ

घायल, पीड़ित या कष्ट झेल चुका व्यक्ति बार-बार न्यायालय आकर बयान देने में काफी शर्म और घबराहट महसूस करता है। शील भंग और बलात्कार के मामलों में तो यह और भी कष्टदायक होता है। कुछ मामलों में गवाहों को बयान देने के लिए बार-बार न्यायालय आना पड़ता है। सुनवाई के दौरान कई कारणों से गवाहों के बयान रिकार्ड नहीं हो पाते और तारीख पर तारीख पड़ती रहती है। लेकिन प्ली बार्गेनिंग के मामले में गवाही के लिए बार-बार न्यायालय आने और वकीलों के उलझाने वाले प्रश्नों के उत्तर देने की आवश्यकता नहीं पड़ती है।

आमतौर पर मुकदमे का फैसला सुनाते समय न्यायाधीश पीड़ित को उसको हुए नुकसान को पूरा करने के मसले पर अपनी बात कहने का अवसर नहीं देता है, पर प्ली बार्गेनिंग के मामले में मुलजिम की दरखास्त पर विचार करते हुए न्यायाधीश पीड़ित को भी बुलाता है ताकि अपराधी द्वारा पीड़ित को अधिकार का उल्लंघन करने के बारे में उसके विचार और बात सुनी जा सके। उसे अपराध के कारण हुए आर्थिक, शारीरिक और मानसिक क्षति पर अपनी बात कहने का पूरा अवसर दिया जाता है और इस तरह वह प्ली बार्गेनिंग की पूरी कार्यवाही में शामिल रहता है।

कुछ मामलों में पीड़ित को पता होता है कि कटघरे में खड़ा व्यक्ति ही वास्तविक अपराधी है, पर पक्के और कानूनी रूप से मान्य न होने पर उसे संदेह का लाभ देकर बरी और रिहा किया जाता है। ऐसे समय पर पीड़ित को काफी मानसिक कष्ट का सामना करना पड़ता है, पर प्ली बार्गेनिंग के मामले में पीड़ित व्यक्ति इस बात को लेकर संतुष्ट रहता है कि मुलजिम ने अपना अपराध स्वीकार कर लिया है तथा उसने अपने अपराध की सजा भुगत ली है।

यह दर्शाता है कि यदि आप अपराधपीड़ित हैं, तो आपको भी प्ली बार्गेनिंग की इस नई धारा का लाभ अवश्य मिलता है।

प्ली बार्गेनिंग कैसे की जाती है?

प्ली बार्गेनिंग के लिए मुलजिम को मामले की सुनवाई करने वाले न्यायालय में एक प्रार्थना-पत्र देना पड़ता है। प्रार्थना-पत्र के साथ मुलजिम द्वारा एक शपथ-पत्र भी दिया जाता है, जो इस बात का प्रमाण है कि अभियुक्त अपनी इच्छा से प्ली बार्गेनिंग करना चाहता है। इसके बाद न्यायालय मुलजिम द्वारा किए गए अपराध की किस्म और कानून द्वारा उस अपराध के लिए तय की गई अधिकतम सजा पर विचार करने के बाद प्ली बार्गेनिंग को स्वीकृति दे देता है।

किन मामलों में प्ली बार्गेनिंग की अनुमति नहीं है?

यदि किसी न्यायालय ने मुलजिम को पहले भी उस तरह के अपराध में दोषी पाया है, तो वह प्ली बार्गेनिंग के लिए दरखास्त नहीं दे सकता है। इसके अतिरिक्त, यदि किए गए अपराध की सजा फांसी या उम्र कैद या सात साल से अधिक कैद है, तो ऐसे मामलों में अभियुक्त को प्ली बार्गेनिंग का लाभ नहीं दिया जाता है। इसी तरह यदि किसी अपराध से देश की सामाजिक-आर्थिक स्थिति को नुकसान पहुंचाता है या अपराध किसी महिला या 14 साल से कम उम्र के बच्चे के साथ किया गया है, तो प्ली बार्गेनिंग के लिए दरखास्त नहीं दी जा सकती है।

•••

24

आपराधिक मामले में समझौता : विस्तारपूर्वक विवरण

Compromise in a criminal case

पहले भी बताया जा चुका है कि भारत में प्ली बार्गेनिंग की धारा हाल ही में लागू की गई है। कानून कुछ खास तरह के अपराधों में समझौता या सुलह करने की भी अनुमति देता है। कुछ आपराधिक मामलों में समझौता करने के लिए न्यायालय की अनुमति की अवश्यकता होती है, जबकि कुछ में न्यायालय की अनुमति के बिना भी समझौता करके मामले को समाप्त किया जा सकता है। इस सम्बन्ध में अपराध-प्रक्रिया संहिता की धारा-320 देखें।

न्यायालय की अनुमति के बगैर समझौता

कुछ अपराधों में समझौता करने के लिए न्यायालय की अनुमति की आवश्यकता नहीं होती है। इस सम्बन्ध में बनाई गई लिस्ट जो धारा-320 में दी गई है, हमें बताती है कि अपराध के लिए कौन समझौता कर सकता है। उदाहरण के तौर पर, यदि कोई मामूली झगड़े या चोट पहुंचाने का मामला है, तो मुलजिम पीड़ित के साथ अपने अपराध के लिए समझौता कर सकता है, इसी तरह मानहानि के मामले में मुलजिम अपने अपराध के लिए पीड़ित व्यक्ति से न्यायालय की अनुमति के बिना समझौता कर सकता है। जिन आपराधिक मामलों में समझौते के लिए न्यायालय की अनुमति की आवश्यकता नहीं होती,

उनमें पीड़ित और मुलजिम न्यायालय से बाहर आपस में समझौता कर सकते हैं या किसी आदरणीय व्यक्ति जैसे कि गांव का प्रधान को बिचौलिया बनाकर या किसी रिश्तेदार की मदद से समझौता किया जा सकता है। समझौता होने के बाद दोनों पक्ष आवेदन देकर न्यायालय को समझौते के बारे में सूचित करते हैं। आवेदन-पत्र के साथ एक लिखित समझौता भी लगाया जाता है या फिर दोनों पार्टियां न्यायालय में पेश होकर समझौते के बारे में अपने बयान दर्ज करवाकर मुकदमे की कार्यवाही को समाप्त कर सकती हैं।

समझौता-जिसके लिए न्यायालय की अनुमति जरूरी है

जिन मामलों में समझौते के लिए न्यायालय की स्वीकृति जरूरी है, उनमें अपनी स्वीकृति या अनुमति देने से पहले न्यायालय इस बात पर अवश्य विचार करता है कि पीड़ित और मुलजिम के बीच समझौता उनकी अपनी मरजी से हो रहा है तथा उन पर ना ही कोई दबाव डाला गया है ना ही उनके साथ जोर-जबरदस्ती की गई है। इसके अलावा न्यायालय यह भी देखता है कि समझौता पीड़ित व्यक्ति के हित में है या नहीं। संक्षेप में कहें, तो ऐसे सभी मामलों में समझौते के लिए पीड़ित व्यक्ति की मर्जी से और उसके हित के लिए राजीनामे का होना जरूरी है।

कल्पना कीजिए, जिस व्यक्ति के साथ समझौता किया जाना था, उसकी मृत्यु हो जाती है। ऐसी स्थिति में कानून द्वारा उस व्यक्ति के योग्य वारिस के साथ अपराध के लिए समझौता करने की अनुमति दी गई है।

यदि सुनवाई करने वाली निचली अदालत ने अभियुक्त को उसके अपराध के लिए सजा सुना दी है, तब भी अपील न्यायालय के सम्मुख समझौते के लिए दरखास्त दी जा सकती है। परन्तु ध्यान रहे कि ऐसे मामलों में न्यायालय की मंजूरी अत्यंत महत्त्वपूर्ण है।

यदि अभियुक्त को पहले भी उस अपराध के लिए दोषी पाया गया है और सजा सुनाई गई है, तो ऐसे मामले में समझौते की अनुमति नहीं

दी जाती है तथा पहले सुनाई गई सजा के आधार पर, उसे वही या कोई दूसरी सजा दी जा सकती है।

समझौता होने के बाद मामले को तुरंत समाप्त कर दिया जाता है तथा अभियुक्त को छोड़ दिया जाता है। जहां तक पीड़ित व्यक्ति की बात है, तो उसे मुआवजा देकर उसका खर्च पूरा किया जाता है। इस तरह समझौता होने के बाद दोनो पार्टियां बार-बार न्यायालय के चक्कर काटने के झंझट से भी बच जाती हैं। इसलिए आपस में समझौता करने के साथ दोनों पार्टियों में सुलह करने के साथ दोनों पार्टियों में सुलह के साथ-साथ समाज में शांति स्थापित होती है।

•••

25

''पीड़ितों या उनके आश्रितो को'' क्षतिपूर्ति की योजना

Compromise in a criminal case

दिल्ली सरकार ने पीड़ितों या उनके आश्रितों को क्षतिपूर्ति उपलब्ध करवाने के लिये राष्ट्रीय राजधानी क्षेत्र, दिल्ली के माननीय उपराज्यपाल ने निम्नलिखित योजना अनुमोदित की है–

1. संक्षिप्त शीर्षक और प्रारम्भ तथा प्रयोग

1. इस योजना को ''दिल्ली पीड़ित क्षतिपूर्ति योजना 2011'' कहा जाता है।
2. यह दिल्ली राजपत्र में अपनी प्रकाशन तिथि से प्रभावी होगी।
3. यह पीड़ितों और उनके आश्रितों पर लागू होगी, जिन्हें हुए अपराध के कारण क्षति, चोट पहुंची तथा पुनर्वास की आवश्यकता है, जैसी भी स्थिति है।

2. परिभाषाएं

जब तक संदर्भ से अन्यथा न हो तब तक इन नियमों में

(क) ''सहिता'' का अर्थ दण्ड प्रक्रिया संहिता 1973 (1974 का 2) से है,

(ख) ''समाहर्ता'' का अर्थ सरकार का मण्डल आयुक्त या इस संबंध में प्राधिकृत कोई व्यक्ति से है,

(ग) ''आश्रित'' में पत्नी, पति, पिता, माता, अविवाहित पुत्री तथा पीड़ित के अवयस्क बच्चे, जैसा आश्रित प्रमाण-पत्र जारी करने के लिये सशक्त प्राधिकारी द्वारा निर्धारित किया गया हो या इस संबंध में सरकार द्वारा प्राधिकृत कोई अन्य प्राधिकारी, आते हैं।

(घ) ''सरकार'' का अर्थ राष्ट्रीय राजधानी क्षेत्र, दिल्ली सरकार से है,

(ड़) ''अनुसूची'' का अर्थ इस योजना के साथ संलग्न अनुसूची से है,

(च) ''राज्य विधिक सेवा प्राधिकरण'' का अर्थ दिल्ली विधिक सेवा प्राधिकरण से है, जैसा विधिक सेवा प्राधिकरण अधिनियम, 1987 (1987 का 3-ए) में परिभाषित है।

(छ) ''पीड़ित'' का अर्थ दण्ड प्रक्रिया संहिता, 1973 (1974 का 2) की धारा 2 के खण्ड (ब क) में यथापरिभाषित किसी व्यक्ति से है।

3. पीड़ित क्षतिपूर्ति निधि

1. एक निधि होगी अर्थात् पीड़ित क्षतिपूर्ति निधि, जिसमें पीड़ितों और उनके उन आश्रितों को क्षतिपूर्ति की राशि का भुगतान किया जाएगा, जिनको किसी अपराध के परिणामस्वरूप क्षति या चोट पहुंची है, या पुनर्वास की आवश्यकता है।

2. ''पीड़ित क्षतिपूर्ति निधि'' में निम्नलिखित होंगे-

    (क) बजट में नियतन, जिसके लिये सरकार द्वारा वार्षिक बजट में आवश्यक प्रावधान किया जाएगा।

    (ख) दण्ड प्रक्रिया संहिता 1973 (1974 का 2) की धारा 357-क के अंतर्गत आरोपित दण्ड की राशि की प्राप्ति और पीड़ित क्षतिपूर्ति निधि में न्यायालयों द्वारा जमा कराने के आदेश दिए गए हैं।

    (ग) योजना के खण्ड (9) के अंतर्गत गलती करने वाले/दोषी से वसूल की गई क्षतिपूर्ति की राशि।

    (घ) अन्तर्राष्ट्रीय / राष्ट्रीय / लोक हितैषी / धमार्थ संस्थाओं / संगठनों और व्यक्तियों से प्राप्त दान / चंदा।

3. उक्त निधि का मण्डल आयुक्त, राष्ट्रीय राजधानी क्षेत्र, दिल्ली सरकार द्वारा संचालन किया जाएगा (इसके बाद "मण्डलायुक्त" के रूप में संदर्भित)।

4. क्षतिपूर्ति के लिए पात्रता

पीड़ित या उसके आश्रित मानदण्ड पर खरा होने के उपरांत क्षतिपूर्ति पाने के लिये पात्र होगा / होगी, कि उसे केन्द्रीय सरकार या राष्ट्रीय राजधानी क्षेत्र, दिल्ली सरकार की किसी अन्य योजना के अंतर्गत क्षति या चोट के लिए क्षतिपूर्ति नहीं दी गई है।

5. क्षतिपूर्ति देने की प्रक्रिया

1. जब भी न्यायालय द्वारा संहिता की धारा 357-क की उप-धारा (2) तथा (3) के अधीन क्षतिपूर्ति के लिए सिफारिश की जाती है या संहिता, 1973 की धारा 357-क की उप-धारा (4) के अधीन दिल्ली विधि सेवा प्राधिकरण को किसी पीड़ित अथवा उसके आश्रितों द्वारा आवेदन किया जाता है तो वह मामले की जांच करेगा तथा अपराध के परिणामस्वरूप क्षति या चोट या पुनर्वास के संबंध में दावे की विषय-वस्तुओं का सत्यापन करेगा या संबंधित से दावे पर विचार करने के लिए किसी अन्य सुसंगत सूचना की मांग कर सकता है।
2. संहिता 1973 की धारा 357-क की उप-धारा (5) के अधीन जैसा जांच पर विचार किया गया है, उसे तुरंत पूरा किया जाएगा तथा किसी भी स्थिति में दावा / याचिका प्राप्ति से (60) साठ दिनों से अधिक की अवधि नहीं होगी।
3. मामले पर विचार करने के पश्चात् दिल्ली विधि सेवा प्राधिकरण अपनी संतुष्टि पर पुनर्वास के लिए अपेक्षित या क्षति अथवा चोट चिकित्सा खर्च के आधार पर जो कि उपचार पर खर्च किया गया है तथा ऐसे अन्य प्रभार तथा अंत्येष्टि पर हुए खर्च को प्राप्त करने के लिए पीड़ित या उसके आश्रितों को दी जाने वाली क्षतिपूर्ति की मात्रा निर्णीत करेगा।

उपबंध है कि (1) पीड़ित अथवा उसके आश्रितों को दी जाने वाली क्षतिपूर्ति की मात्रा अनुसूची (2) में निर्धारित से कम या अधिक नहीं होगी, यदि बाद की तारीख में कोर्ट न्यायालय द्वारा दी गई क्षतिपूर्ति अधिकतम सीमा से अधिक हो तो दी गई क्षतिपूर्ति की राशि को समायोजित किया जाएगा।

6. आदेश का अभिलेख रखा जाए

इस योजना के अधीन दिल्ली विधि सेवा प्राधिकरण द्वारा पारित क्षतिपूर्ति आदेश की प्रति ट्रायल कोर्ट के अभिलेख में अनिवार्य रूप से रखी जाएगी।

7. क्षतिपूर्ति वितरण का तरीका

1. इस प्रकार दी गई क्षतिपूर्ति की राशि राष्ट्रीयकृत बैंक में जमा की जाएगी अथवा यदि राष्ट्रीयकृत बैंक की शाखा न हो, पीड़ित / आश्रितों के संयुक्त एवं एकल नाम से किसी अनुसूचित व्यावसायिक बैंक की शाखा में जमा की जाएगी। इस प्रकार जमा की गई राशि में से 75 प्रतिशत (पचहत्तर प्रतिशत) न्यूनतम तीन वर्षों की अवधि के लिए फिक्स डिपोजिट की जाएगी तथा शेष 25 प्रतिशत (पच्चीस प्रतिशत) पीड़ित / आश्रितों द्वारा जैसी भी स्थिति हो प्रयोग एवं प्रारंभिक खर्चों के लिए उपलब्ध होगी।
2. **अवयस्क के मामले में**- इस प्रकार निर्णीत क्षतिपूर्ति की 80 प्रतिशत राशि सावधि जमा खाते में जमा कराई जाएगी और वयस्क होने पर ही निकाली जाएगी, लेकिन जमा करने के तीन वर्ष पहले नहीं। शर्त यह है कि विशेष मामलों में दिल्ली विधि सेवा प्राधिकरण के स्वविवेक पर लाभग्राही की शैक्षिक या चिकित्सीय आवश्यकताओं के लिए राशि निकाली जा सकेगी।
3. धनराशि का ब्याज पीड़ित / आश्रित / आश्रितों के बचत खाते में बैंक द्वारा सीधे ही मासिक आधार पर जमा किया जाएगा।

8. पीड़ितों को चिकित्सा सहायता

दिल्ली विधि सेवा प्राधिकरण किसी पुलिस अधिकारी, जो थाने के प्रभारी अधिकारी की रैंक से कम न हो या संबंधित क्षेत्र के किसी मजिस्ट्रेट के प्रमाण-पत्र पर पीड़ित के कष्टों को कम करने के लिए तत्काल यथोचित प्राथमिक सहायता सुविधा या चिकित्सा लाभ या कोई अन्य अंतरित राहत, उपलब्ध कराई जाएगी।

9. पीड़ितों को चिकित्सा सहायता पीड़ित या उसके आश्रित/आश्रितों को प्रदान की गई क्षतिपूर्ति की वसूली

संहिता की धारा 357-क की उप-धारा (3) के उपबंधों के अनुसार दिल्ली विधिक सेवा प्राधिकरण, उपयुक्त मामलों में क्षति या चोट पहुंचाने के प्रति उत्तरदायी उस व्यक्ति / उन व्यक्तियों जिनके द्वारा किए अपराध के परिणामस्वरूप पीड़ित या उसके आश्रितों को प्रदान की गई क्षतिपूर्ति राशि की वसूली के लिए सक्षम कानूनी न्यायालय के समक्ष कार्रवाई कर सकता है।

10. आश्रिता प्रमाण-पत्र

आश्रिता प्रमाण-पत्र जारी करने के लिये सक्षम प्राधिकारी / प्राधिकरण 15 पन्द्रह दिन की अवधि के भीतर जारी करेगा, यह अवधि बढ़ाई जायेगी : शर्त यह है कि दिल्ली विधिक सेवा प्राधिकरण आश्रिता प्रमाण-पत्र न जारी होने की स्थिति में 15 दिन के पश्चात् दावेदार से प्राप्त होने वाले किसी शपथ पत्र के आधार पर कार्रवाई की जा सकती है।

11. परिसीमा

संहिता की धारा 357-क की उप-धारा (1) के अंतर्गत पीड़ित या उसके आश्रित द्वारा इस योजना के अंतर्गत कोई भी दावा अपराध होने की तिथि से 3 वर्ष की अवधि के पश्चात् स्वीकार्य नहीं किया जाएगा।

अनुसूची

क्रमांक	क्षति या चोट का विवरण	क्षतिपूर्ति की न्यूनतम सीमा	क्षतिपूर्ति की अधिकतम सीमा
1.	जीवन हानि	3.00 लाख रुपए	5.00 लाख रुपए
2.	बलात्कार	2.00 लाख रुपए	3.00 लाख रुपए
3.	शरीर के किसी अंग या भाग की हानि/क्षति जिसके परिणामस्वरूप 80 प्रतिशत या अधिक स्थाई अपंगता	2.00 लाख रुपए	3.00 लाख रुपए
4.	शरीर के किसी अंग या भाग की क्षति जिसके परिणामस्वरूप 40 प्रतिशत से अधिक तथा 80 प्रतिशत से कम स्थाई अपंगता	1.00 लाख रुपए	1.50 लाख रुपए
5.	शरीर के किसी अंग या भाग की क्षति जिसके परिणामस्वरूप 40 प्रतिशत से कम स्थाई अपंगता	1.00 लाख रुपए	1.50 लाख रुपए
6.	शरीर के किसी अंग या भाग की क्षति जिसके परिणामस्वरूप 20 प्रतिशत से कम स्थाई अपंगता	0.50 लाख रुपए	0.50 लाख रुपए

7.	मानव देह व्यापार बाल उत्पीड़न और अपहरण	0.50 लाख रुपए	0.50 लाख रुपए
8.	बाल पीड़ित की हुई सरल चोट या क्षति	0.10 लाख रुपए	0.10 लाख रुपए
9.	पुनर्वास	0.20 लाख रुपए	0.20 लाख रुपए
10.	तेजाब के आक्रमण से पीड़ित क. चेहरे को विकृत करने की स्थिति में	2.00 लाख रुपए	3.00 लाख रुपए
	ख. चोट के अन्य मामले	0.50 लाख रुपए	0.50 लाख रुपए

●●●

26

मध्यस्थता :
विवादित मामलों के शीघ्र समाधान का एक प्रभावशाली तरीका

Mediation—a process for early disposal of a case

विवाद के शांतिपूर्ण और स्थाई हल का एक और तरीका भी है। इसे 'मध्यस्थता' का नाम दिया है। समझौते के इस तरीके में एक मध्यस्थ होता है, जो झगड़े में उलझे लोगों के बीच समझौता करवाने और विवाद को खत्म करने में **मदद करता है**। जहां मुकदमा चल रहा है, वह न्यायालय मामले को मध्यस्थता के द्वारा निपटाने के लिए मध्यस्थ के पास भेजता है, जो शांति और प्यार भरे वातावरण में दोनों पक्षों के बीच सुलह करवाने का प्रयास करता है। याद रखें कि मध्यस्थता करने वाले मध्यस्थ का रोल न्यायाधीश से अलग होता है।

आपराधिक मामलों में भी मध्यस्थता की कार्यवाही दोनों पार्टियों के बीच समझौते द्वारा विवाद का सौहार्दपूर्ण हल निकालने में काफी मददगार साबित हो सकती है। उदाहरण के तौर पर भारतीय दण्ड-संहिता की धारा-498ए और 406 या चैक बाउंस मुकदमों में मध्यस्थता की कार्यवाही के द्वारा विवाद का शांति से हल निकाला जा सकता है। भारतीय दंड-संहिता की धारा 406 या 498ए के तहत दर्ज मामले में यदि एक पार्टी दूसरी पार्टी को चाही गई वस्तुएं या सामान लौटा देता है या दोनों प्रेमपूर्वक एक-दूसरे के साथ रहने के लिए तैयार हो जाते

हैं, तो झगड़ा खत्म हो जाता है। चैंक बाउंस के मामले में यदि मुजलिम मामले से छुटकारा पाने के लिए शिकायतकर्त्ता को एक दिया जाने वाला धन सम्पूर्ण या किश्तों में देने की बात मान लेता है, तो वह मामला शांतिपूर्ण ढंग से निपट जाता है।

मामले को मध्यस्थता अधिकारी के पास भेजने के लिए सम्बन्धित पक्षों को अपनी स्वीकृति देनी होती है। चूंकि यह सब दोनों पार्टियों की मरजी से होता है, इसलिए विवाद को मध्यस्थता के जरिए निपटाने के लिए किसी पार्टी पर दबाव नहीं डाला जा सकता है। मध्यस्थता का तरीका पूर्णतः गोपनीय होता है, अतः आपको मन से यह संदेह निकाल देना चाहिए कि मामले से जुड़ी आपकी कोई भी गोपनीय बात दूसरे पक्ष को बताई जाएगी। यदि किसी कारणवश मध्यस्थता की कार्यवाही सफल नहीं होती है, तो मामले को कानून के मुताबिक निपटाने के लिए एक बार फिर न्यायालय के पास वापस भेज दिया जाता है।

कुछ ऐसे मामले भी देखे गए हैं, जिनमें कोई भी पार्टी मध्यस्थता अधिकारी के पास जाने की इच्छुक नहीं होती है। ऐसे मामलों में यदि न्यायाधीश को लगता है कि विवादित मामले को मध्यस्थता के द्वारा प्रेमपूर्वक निपटाया जा सकता है, तो वह उस मामले तथा उससे जुड़ी पार्टियों को मध्यस्थता केन्द्र में भेज सकता है।

किसी भी विवाद या झगड़े को शांतिपूर्ण ढ़ंग से खत्म करने में सम्बन्धित पार्टियों की आशावादी सोच, सद्‌भाव और प्रयास महत्त्वपूर्ण होते हैं। इसलिए जब भी किसी भी पार्टी अथवा खुद न्यायालय के द्वारा किसी मामले को मध्यस्थता केन्द्र में भेजा जाता है, तो विवाद से जुड़ी सभी बातों और तथ्यों को पूरी ईमानदारी और सच्चाई के साथ मध्यस्थता अधिकारी के सामने रखना चाहिए तथा मामले को प्रेमपूर्वक ढंग से निपटाने के लिए उसका पूरा सहयोग करना चाहिए। संक्षेप में कहें तो मध्यस्थता की कार्यवाही के दौरान झगड़े से जुड़े सभी पक्षों का प्रयास यही होना चाहिए कि मामले का शांतिपूर्ण समाधान हो जाए। इसका अर्थ यही है कि यदि किसी पार्टी को कानून के अनुसार चलने की सलाह दी जाती है, तो उसे निश्चित ही उसका पालन करना चाहिए तथा कानून

के अनुसार जो कुछ उचित है, उसे अपनी मरजी से खुशी-खुशी स्वीकार करना चाहिए।

मध्यस्थता की कार्यवाही के दौरान जब मध्यस्थता-अधिकारी के सम्मुख पेश होते हैं, तो उन्हें झगड़े से जुड़े अपने हितों और विचारों को कहने तथा सम्बन्धित सभी मुद्दों पर बातचीत करने की आजादी होती है। मध्यस्थता- अधिकारी झगड़े की जड़ और असल मुश्किलों को जानने का प्रयास करता है। इसके बाद वह दोनों पार्टियों को उस स्तर तक लेकर जाता है, जहां वे सौहार्दपूर्ण वातावरण में एक-दूसरे से अपने हितों की चर्चा कर सकते हैं। इसके बाद वह मंजूर होनेवाली शर्तें तय करने में दोनों पक्षों की मदद करता है और इसके बाद यदि समझौता हो जाता है, तो दोनों पार्टियां न्यायालय के सम्मुख पेश होकर मध्यस्थता-केन्द्र में हुए समझौते के बारे में न्यायाधीश को सूचित करते हुए मामले को खत्म करने का अनुरोध करते हैं।

यह साबित करता है कि मध्यस्थता का तरीका न केवल मुकदमेबाजी में होने वाले देरी से बचाता है, बल्कि इससे पैसे और समय की बचत होती है।

दिल्ली के अंदर तीस हजारी, कड़कड़डूमा, द्वारका, साकेत तथा रोहिणी न्यायालय परिसर में मध्यस्थता केन्द्र खोले गए हैं। तीस हजारी स्थित मध्यस्थता केन्द्र न्यायालय परिसर के मुख्य भवन की तीसरी मंजिल पर स्थित है। कड़कड़डूमा न्यायालय परिसर में बनाया गया मध्यस्थता केन्द्र बी ब्लॉक, भूतल पर स्थित है तथा रोहिणी न्यायालय परिसर में मध्यस्थता केन्द्र, चर्तुथ मंजिल पर स्थित है। द्वारका न्यायालय परिसर में मध्यस्था केन्द्र, तृतीय मंजिल पर है।

मध्यस्थता-केन्द्र की अपनी वेबसाइट भी है, जिस पर लॉगआन करके दिल्ली के सभी मध्यस्थता-केन्द्रों की पूरी जानकारी प्राप्त की जा सकती है। इस वेबसाइट का पता है:

www.delhimediationcentre.gov.in.

email: delhimediationcentre@nic.in

●●●

27

पत्नी, बच्चों और माता-पिता के लिए भरण-पोषण भत्ता

Maintenance for wife, children and parents

दण्ड-प्रक्रिया संहिता के अंतर्गत दिए गए प्रावधान

सीआर.पीसी की धारा-125 आधार पर कोई भी असहाय व्यक्ति अपने जीवननिर्वाह के लिए भरण-पोषण भत्ते तथा मुकदमे पर होने वाले खर्च का दावा कर सकता है।

भरण-पोषण भत्ते का दावा कौन कर सकता है ?

जब कोई व्यक्ति अपनी पत्नी, बच्चों तथा माता-पिता की तरफ ध्यान न देकर उनका पालन-पोषण करने की जिम्मेदारी से इनकार कर देता है, तो पीड़ित सदस्य अपने जीवन-निर्वाह के लिए भरण-पोषण भत्ते का दावा कर सकते हैं। इसके लिए ज्युडिशियल मजिस्ट्रेट के सामने आवेदन दाखिल किया जाता है। यदि मजिस्ट्रेट भरण-पोषण भत्ते के दावे को सही मानता है, तो वह उसे स्वीकार करते हुए दूसरी पार्टी को आदेश देता है कि वह हर महीने पीड़ित को भरण-पोषण भत्ता अदा करे।

यदि आप एक महिला हैं और आपके पति ने आपको तलाक दे दिया है या आपने उससे तंग आकर तलाक ले लिया है, तो आप अपने जीवन-निर्वाह के लिए उससे भरण-पोषण भत्ता ले सकती हैं।

यदि कोई महिला अपने पति को छोड़कर किसी अन्य पुरुष के साथ सम्बन्ध रखती है या बिना किसी खास वजह से उसके साथ रहने से इनकार कर देती है, तो वह भरण-पोषण भत्ता पाने की अधिकारी नहीं है। मजिस्ट्रेट ऐसे किसी भी दावे को सबूतों के आधार पर खारिज कर देता है। इसी तरह यदि कोई महिला तलाक लेने के बाद दूसरी शादी कर लेती है, तो वह भी भरण-पोषण भत्ते का दावा नहीं कर सकती है।

ऐसे किसी भी मामले में महिला का पति आवेदन देकर भरण-पोषण भत्ते के आदेश को खारिज करने के लिए भी दरखास्त दे सकता है।

यदि पति और पत्नी आपसी सहमति से एक-दूसरे से अलग रहते हैं, तो ऐसी परिस्थिति में भी पत्नी अपने जीवन-निर्वाह के लिए भरण-पोषण भत्ते का दावा नहीं कर सकती है।

भरण-पोषण भत्ता लेने का पर्याप्त आधार : मजिस्ट्रेट की संतुष्टि

मजिस्ट्रेट इस बात का पता लगाने का प्रयास करता है कि दरखास्त देने वाले के पास अपने भरण-पोषण के लिए उपयुक्त साधन नहीं हैं तथा वह बिना मासिक गुजारे-भत्ते के अपना पालन-पोषण नहीं कर सकता है।

यदि कोई महिला अपने पति से भरण-पोषण भत्ता लेने के लिए न्यायालय में दावा दाखिल करती है, तो इस बात का सबूत होना चाहिए कि उसके पास अपने जीवन-निर्वाह के लिए कोई साधन नहीं है तथा वह अपना भरण-पोषण करने में असमर्थ है।

यदि किसी बच्चे के भरण-पोषण को लेकर दावा दाखिल किया गया है, तो चाहे वे वैध हैं या अवैध, विवाहित हैं या अविवाहित, वे अपने लिए भरण-पोषण भत्ते का दावा कर सकते हैं। यहां तक कि यदि वे वयस्क हो चुके हैं, तो भी वे भरण-पोषण भत्ते का दावा करने के अधिकारी हैं, परन्तु न्यायालय ऐसे दावों में केवल तभी आदेश देता है, जब वह संतुष्ट हो जाता है कि दरखास्त देने वाला बच्चा शारीरिक या

मानसिक तौर पर अक्षम होने के कारण अपना भरण-पोषण करने में असमर्थ है।

विवाहित बेटी भरण-पोषण भत्ता पाने की अधिकारी नहीं होती है। यदि कोई बाल विवाहित अवयस्क लड़की अपना पालन-पोषण करने में असमर्थ है, तो वह वयस्क होने तक अपने पिता से भरण-पोषण भत्ता पाने की अधिकारी है। ऐसे मामलों में मजिस्ट्रेट यह जरूर देखता है कि दरखास्त देने वाले के पति के पास उसके पालन-पोषण के पर्याप्त साधन मौजूद हैं या नहीं। यदि वह संतुष्ट हो जाता है, तो दरखास्त देने वाली के हक में फैसला दे देता है।

यदि आप माता-पिता हैं और अपने भरण-पोषण में असमर्थ हैं, तो आप अपने बच्चों से गुजारा-भत्ता प्राप्त करने के अधिकारी हैं।

क्या आप अंतरिम मासिक गुजारा भत्ता प्राप्त कर सकते हैं ?

मासिक गुजारा-भत्ता प्राप्त करने के लिए दाखिल की गई अर्जी का फैसला आने में काफी समय लग जाता है। इसलिए कानून के द्वारा दरखास्त की सुनवाई के दौरान भरण-पोषण या गुजारा-भत्ता देने का प्रावधान किया गया है। मामले की सुनवाई करने वाला मजिस्ट्रेट आपकी आर्थिक स्थिति को देखते हुए सुनवाई के दौरान अंतरिम भरण-पोषण भत्ता देने का आदेश दे देता है। इस तरह असहाय व्यक्ति, महिला, बच्चे या माता-पिता न्यायालय में भरण-पोषण भत्ते की अर्जी पर मजिस्ट्रेट के आदेश द्वारा दूसरी पार्टी से भरण-पोषण या गुजारा भत्ता प्राप्त कर सकते हैं।

क्या आप मुकदमे पर होने वाले खर्च का दावा भी कर सकते हैं ?

भरण-पोषण भत्ते के लिए आवेदन देने के बाद न्यायालय में सुनवाई के दौरान आपको मुकदमे का खर्च भी उठाना पड़ता है। जैसे- वकील की फीस, इत्यादि। यदि आप अंतरिम भरण-पोषण भत्ता प्राप्त करने के योग्य हैं, तो न्यायालय आपके हक में फैसला देते हुए अंतरिम भरण-पोषण भत्ते के साथ-साथ दूसरी पार्टी से आपको मुकदमे का खर्चा देने का आदेश भी दे सकता है।

ऐसे मामलों में दावा करने वाले को असुविधा से बचाने के लिए कानून के तहत यह प्रबंध किया गया है कि दूसरी पार्टी को समन/नोटिस मिलने के 60 दिन के भीतर अंतरिम भरण-पोषण भत्ते तथा मुकदमे की दरखास्तों को निपटाया जाए। कानून की इस मर्यादा का पालन करते हुए सम्बन्धित न्यायालय 60 दिन के भीतर ऐसी दरखास्तों को निपटाने के लिए प्रतिबद्ध है।

भरण-पोषण भत्ते का आवेदन कहां दाखिल किया जाता है ?

भरण-पोषण भत्ता लेने के लिए किसी व्यक्ति के विरुद्ध निम्नलिखित में से किसी भी जिले में आवेदन दाखिल किया जा सकता है-

1. जहां वह रहता है, या
2. जहां वह या उसकी पत्नी रहती है, या
3. जहां वह अंतिम बार अपनी पत्नी या मामले के अनुसार, ऐसे सम्बन्ध से उत्पन्न अपने बच्चे की मां के साथ रहा था।

भरण-पोषण भत्ते के आदेश को कैसे बदला जा सकता है ?

यदि मासिक भरण-पोषण भत्ता या अंतरिम भरण-पोषण भत्ता देने या पाने वाले (दोनों में से किसी भी पक्ष) के हालात में कोई बदलाव आता है, तो मजिस्ट्रेट बदले हालात को देखते हुए जैसा भी उचित समझे, भरण-पोषण भत्ते के पहले के आदेश में बदलाव कर सकता है।

कई बार दोनों पार्टियां कुछ ऐसे दीवानी मामलों में उलझी होती हैं, जिनका फैसला भरण-पोषण भत्ते के आदेश को प्रभावित कर सकता है। परिस्थितिवश, ऐसे मुकदमों का फैसला आने पर भरण-पोषण भत्ते के आदेश में बदलाव या फेरबदल करना आवश्यक हो जाता है। यदि मजिस्ट्रेट को लगता है कि दीवानी न्यायालय के आदेश के परिणामस्वरूप भरण-पोषण भत्ते के आदेश को रद्द या फेरबदल करना चाहिए, तो उसे यह शक्ति प्राप्त है कि वह भरण-पोषण भत्ते के पहले आदेश को रद्द कर सकता है या उसमें बदलाव कर सकता है। उदाहरण के तौर पर,

यदि आपने अपनी पत्नी को तलाक दे दिया है और वह जाति, कानून या रीति द्वारा तय किए गए नियमों व कानून के मुताबिक तयशुदा रुपया-पैसा प्राप्त कर चुकी है, तो मजिस्ट्रेट उसके भरण-पोषण भत्ते के आदेश को रद्द कर सकता है।

भरण-पोषण भत्ते के आदेश का पालन कैसे करवाएं

जब भी न्यायालय द्वारा आपके हक में भरण-पोषण भत्ते या अंतरिम भत्ते या मुकदमे के खर्च का आदेश दिया जाता है, तो आप अधिकारस्वरूप उसकी एक कॉपी प्राप्त कर सकते हैं। न्यायालय द्वारा आपको यह कॉपी निःशुल्क उपलब्ध करवाई जाती है। आदेश का पालन करवाने के लिए आपको उस क्षेत्र के मजिस्ट्रेट के सामने एक अर्जी देनी होती है, जहां दूसरी पार्टी द्वारा आपको निर्धारित राशि का भुगतान करना है। (सीआर. पीसी की धारा-128)

सीआर.पीसी की धारा-125 के तहत गुजारे-भत्ते के लिए याचिका का नमूना

मुख्य महानगर दण्डाधिकारी या मुख्य न्यायिक महानगर दण्डाधिकारी के न्यायालय में प्रस्तुत

निर्धारित मूल्य की कोर्ट फीस स्टैम्प यहां चिपकाएं

आवेदक/आवेदकों के

1. .... (वादी)

नाम यहां लिखें

2. ....

बनाम (का अर्थ है के विरुद्ध)

प्रतिपक्ष यानि सामने वाली.. (प्रतिवादी)
पार्टी का नाम यहां लिखें

दण्ड प्रक्रिया संहिता की धारा-125 के तहत गुजारा-भत्ता प्राप्त करने के लिए याचिका

याचिकाकर्त्ता आदर सहित निवेदन करते हैं कि

1. वादी संख्या 1 प्रतिवादी की कानूनन विवाहिता पत्नी है तथा वादी संख्या 2 उनका बेटा/बेटी हैं, जिसकी आयु 5 वर्ष है।
2. वादी संख्या 1 का विवाह प्रतिवादी के साथ दिनांक .... को हिंदू रीति-रिवाजों के अनुसार हुआ था। विवाह के बाद वादी संख्या 1 अपनी ससुराल में रहने लगी और एक साल बाद प्रतिवादी से वादी संख्या 1 को एक बेटा भी हुआ, जो वादी संख्या 2 है।
3. विवाह के बाद लगभग चार साल तक वादी संख्या 1 और उसके पति (प्रतिवादी) के बीच मधुर सम्बन्ध बने रहे, परन्तु इसके बाद प्रतिवादी उसके साथ निर्दयतापूर्वक व्यवहार करने लगा।
4. अपने पति यानि प्रतिवादी के हाथों बार-बार मार खाने और

निर्दयतापूर्ण व्यवहार सहने के बाद दिनांक .... को प्रतिवादी ने उसे और उसके बच्चे (वादी संख्या 1 और 2) को अपने घर से निकाल दिया। इसके बाद से वह अपने 5 वर्षीय बच्चे (वादी संख्या 2) के साथ अपने माता-पिता के घर में रहने को मजबूर है।

5. इस दौरान प्रतिवादी ने वादी को उसके गुजारे-भत्ते या बच्चे के भरण-पोषण के लिए कभी कोई रुपया-पैसा या आर्थिक सहायता नहीं भेजी।

6. वादी के पास अपने और अपने बच्चे के भरण-पोषण के लिए आय का कोई दूसरा साधन नहीं है।

7. प्रतिवादी किराने की दुकान चलाता है, जिससे वह महीने में 20,000/- रुपए कमाता है।

8. इस न्यायालय को यह मामला सुनने और इस पर अपना फैसला सुनाने का पूरा अधिकार है, क्योंकि वादी संख्या 1 और प्रतिवादी का विवाह यहीं पर हुआ था तथा वादी इस न्यायालय के अधिकारिता क्षेत्र के अंतर्गत रह रहा है।

उपर्युक्त परिस्थितियों और तथ्यों के प्रकाश में याचिकाकर्त्ता निवेदन करते हैं कि उनके भरण-पोषण के लिए प्रतिवादी को, उन्हें हर महीने 7000/- रुपए बतौर गुजारा-भत्ता देने का निर्देश दिया जाए, जिसमें 4,000/-रुपए वादी संख्या 1 तथा 3,000/- रुपए उसके बच्चे (वादी संख्या 2) के लिए होंगे, जो उन्हें आवेदन दाखिल करने की तिथि से दिए जाएं। वादी संख्या 2, क्योंकि एक छोटा बच्चा है, इसलिए उसकी याचिका उसके आधार पर उसकी मां और जन्मजात अभिभावक, वादी संख्या 1, के द्वारा दाखिल की गई है।

(आवेदक)

अंतरिम गुजारे-भत्ते के लिए आवेदन-पत्र का नमूना

(सीआर.पीसी की धारा-125 के अंतर्गत)

महानगर दण्डाधिकारी या प्रथम श्रेणी न्यायिक महानगर दण्डाधिकारी के न्यायालय में प्रस्तुत निर्धारित मूल्य की कोर्ट फीस स्टैम्प यहां चिपकाएं।

आवेदक/आवेदकों के नाम 1. .... (वादी)

2. ....

3. ....

बनाम

प्रतिपक्ष का नाम .... (प्रतिवादी)

(दण्ड प्रक्रिया संहिता की धारा-125 के तहत विचाराधीन मामले में आंतरिक ग़ुजारे-भत्ते के लिए आवेदन-पत्र)

प्रार्थी आदर सहित निवेदन करती है

1. कि वादी संख्या 1 प्रतिवादी की विवाहिता पत्नी है तथा वादी संख्या 2 प्रतिवादी का 5 वर्षीय बेटा/बेटी है।
2. कि वादी संख्या 1 का विवाह दिनांक .... को प्रतिवादी के साथ हिंदू रीति रिवाजों के अनुसार हुआ था। विवाह के बाद वादी संख्या 1 अपनी ससुराल में रहने लगी और एक साल बाद प्रतिवादी से वादी संख्या 1 को एक बेटा भी हुआ, जो वादी संख्या 2 है। विवाह के बाद लगभग चार साल तक वादी संख्या 1 और उसके पति (प्रतिवादी) के बीच मधुर सम्बन्ध बने रहे, परन्तु इसके बाद प्रतिवादी उसके साथ निर्दयतापूर्वक व्यवहार करने लगा। उसके हाथों बार-बार मार खाने और निर्दयतापूर्ण व्यवहार सहने के बाद दिनांक .... को प्रतिवादी ने उसे और

उसके बच्चे को अपने घर से निकाल दिया और इसके बाद से वह अपने 5 वर्षीय बच्चे (वादी संख्या 2) के साथ अपने माता-पिता के घर में रहने के लिए मजबूर है।

3. कि इस दौरान प्रतिवादी ने वादी को उसके गुजारे-भत्ते या बच्चे के भरण-पोषण के लिए कभी कोई रुपया-पैसा या आर्थिक सहायता नहीं भेजी। आय का कोई दूसरा साधन नहीं होने के कारण वादी अपना और अपने बच्चे का भरण-पोषण करने में असमर्थ है।
4. कि प्रतिवादी किराने की एक दुकान चलाता है, जिससे वह महीने में 20,000/- रुपए कमाता है।
5. कि आवेदक द्वारा सीआर.पीसी की धारा-125 के तहत दाखिल की गई याचिका का फैसला आने में काफी समय लग सकता है और इस दौरान आवेदक के लिए अपने और बच्चे के रोजमर्रा के खर्चों का बोझ उठाना बेहद मुश्किल होगा।

उपर्युक्त परिस्थितियों और तथ्यों के प्रकाश में आवेदक प्रार्थना करती है कि उसके द्वारा सीआर.पीसी की धारा-125 के तहत दाखिल की गई याचिका का फैसला आने तक उसके और उसके बच्चे के भरण-पोषण के लिए अंतरिम गुजारे-भत्ते की स्वीकृति देते हुए प्रतिवादी को उन्हें हर महीने 7000/- रुपए देने का निर्देश दिया जाए, जिसमें से 4,000/-रुपए वादी संख्या 1 तथा 3,000/- रुपए उसके बच्चे (वादी संख्या 2) के लिए होंगे।

(आवेदक)

•••

28

माता-पिता एवं वरिष्ठ नागरिक का भरण-पोषण

माता-पिता एवं वरिष्ठ नागरिकों का भरण-पोषण

यद्यपि दंड संहिता की धारा 125 में माता-पिता के भरण-पोषण के लिए पहले से ही व्यवस्था की गई है, परन्तु इसके अलावा माता-पिता और वरिष्ठ नागरिकों के भरण-पोषण और कल्याण हेतु और अधिक प्रभावी उपायों के लिए माता-पिता और वरिष्ठ नागरिकों का भरण-पोषण एवं कल्याण अधिनियम, 2007 भी बनाया गया है। दिनांक 29.12.2007 को इस अधिनियम को भारत के राष्ट्रपति की मंजूरी मिली और यह कानून इस तारीख से लागू हुआ है। यदि किसी अन्य लागू अधिनियम में, इस अधिनियम की धाराओं/नियमों का परस्पर-विरोधी कोई तत्व है, तब भी इसी अधिनियम के तहत वर्णित धाराओं/नियमों को प्रभावी माना जाएगा।

''वरिष्ठ नागरिक'' कौन है?

इस अधिनियम में दिए प्रावधान के अनुसार 60 वर्ष या इससे अधिक आयु का व्यक्ति वरिष्ठ नागरिक कहलाता है। ऐसा व्यक्ति यदि अपनी स्वयं अर्जित आय या अपनी मालिकाना संपत्ति से होने वाली आय/कमाई/आमदनी से अपना भरण-पोषण करने में असमर्थ है तो वह इस अधिनियम के तहत भरण-पोषण यानि मैंटेनैंस पाने का हकदार है। (धारा-5)

''माता-पिता''

इसी तरह 'माता-पिता' जो अपनी अर्जित आय/कमाई/आमदनी या अपनी मालिकाना संपत्ति (अर्थात् केवल माता या केवल पिता या दोनों) से होने वाली आय से अपना भरण-पोषण करने में असमर्थ हैं तो वे भी इस अधिनियम के तहत भरण-पोषण यानि मैंटेनैंस पाने के हकदार हैं। (धारा-5)

माता या पिता (जिन्होंने जन्म दिया है अथवा जिन्होंने गोद लिया है) या सौतेला पिता या सौतेली माता (माता या पिता चाहे वरिष्ठ नागरिक हों या न हों), 'माता-पिता' की परिभाषा में शामिल हैं। (धारा 2 का खंड 'घ')

''संपत्ति''

'संपत्ति' शब्द का तात्पर्य सभी तरह की संपत्ति से है जिसमें चल-अचल, पैतृक या स्वयं अर्जित, मूर्त या अमूर्त इत्यादि संपत्ति सम्मिलित है। ऐसी संपत्ति में अधिकार और हित भी संपत्ति की परिभाषा में शामिल है। (धारा 2 का खंड 'ड')।

''भरण-पोषण'' का क्या अर्थ है?

भरण-पोषण अंग्रेजी के मैंटेनैंस शब्द का हिन्दी रूपांतरण है। इसमें भोजन, कपड़े, आवास, चिकित्सा में सहायता सेवाएं एवं उपचार शामिल है।

''कल्याण'' से क्या तात्पर्य है?

'कल्याण' अंग्रेजी के वैलफेयर शब्द का हिन्दी रूपांतरण है। यहाँ इसका तात्पर्य भोजन, स्वास्थ्य संबंधित देखभाल, मनोरंजन और अन्य आवश्यक सुख-सुविधाओं से है जो वरिष्ठ नागरिकों के लिए जरूरी हैं।

पालन-पोषण पाने हेतु आवेदनपत्र

माता-पिता या दादा-दादी भरण-पोषण भत्ता पाने हेतु अपने एक या अधिक वयस्क संतानों के विरुद्ध याचिका दाखिल कर सकते हैं। संतान

अल्पायु (minor) नहीं होनी चाहिए। अल्पायु यानि minor का अर्थ है जिसने परिपक्वता अधिनियम 1875 के अन्तर्गत वर्णित प्रावधान के अनुसार परिपक्वता या वयस्कता की आयु को प्राप्त नहीं किया है।

नि:संतान वरिष्ठ नागरिक अपने किसी वयस्क रिश्तेदार या निकट संबंधी के विरुद्ध याचिका दाखिल कर सकता है। यहाँ "रिश्तेदार" से तात्पर्य उस व्यक्ति से है जो उस नि:संतान वरिष्ठ नागरिक का कानूनी वारिस या वैधानिक उत्तराधिकारी है और जिसका उसकी संपत्ति पर कब्जा है या उसकी मृत्यु के बाद उसकी सम्पत्ति का हकदार होगा।

यहाँ यह बताना आवश्यक है कि इस अधिनियम के तहत वरिष्ठ नागरिक या माता-पिता केवल भरण-पोषण भत्ता प्राप्त करने के ही अधिकारी नहीं हैं अपितु मुकदमें पर होने वाले खर्च का दावा भी कर सकते हैं।

वरिष्ठ नागरिकों के भरण-पोषण के संबंध में संतान या रिश्तेदारों की जिम्मेवारी का विवरण

वरिष्ठ नागरिकों की संतान या रिश्तेदार उनकी जरूरतों के अनुसार उनका भरण-पोषण करने के दायित्वों से बंधे हुए हैं ताकि वे सामान्य जीवन व्यतीत कर सकें।

किसी वरिष्ठ नागरिक का निकट संबंधी या रिश्तेदार जो सक्षम और समर्थ है उसे उस वरिष्ठ नागरिक का भरण-पोषण करना होगा, परन्तु वह निकट संबंधी या रिश्तेदार ऐसा हो जो उस वरिष्ठ नागरिक की सम्पत्ति पर काबिज़ होना चाहिए या उसकी मृत्यु के बाद उस वरिष्ठ नागरिक की जमीन-जायदाद व सम्पत्ति को प्राप्त करने का हकदार होगा।

जहाँ ऐसे वरिष्ठ नागरिकों के एक से अधिक रिश्तेदार हैं और जो उस वरिष्ठ नागरिक की जमीन-जायदाद व संपत्ति व संपत्ति के हकदार बनने के योग्य हैं तो ऐसे सब रिश्तेदार उस संपत्ति में अपने हिस्से के अनुपात के अनुसार भरण-पोषण का भुगतान करेंगे।

माता-पिता का भरण-पोषण करने के संबंध में संतान के दायित्वों का विवरण

बच्चे अपने माता-पिता का उनकी जरूरतों के हिसाब से उनका भरण-पोषण करने के दायित्व से बंधे हुए हैं ताकि वे सामान्य जीवन व्यतीत कर सकें। इसमें माता या पिता या दोनों की जरूरतें शामिल हैं।

'संतान' में वयस्क बेटा, बेटी, पोता और पोती शामिल हैं। अवयस्क बेटा, बेटी, पोता या पोती संतान की परिभाषा में शामिल नहीं होते हैं।

भरण-पोषण के लिए कहाँ और कैसे आवेदन दाखिल करें

भरण-पोषण न्यायाधिकरण

माता-पिता और वरिष्ठ नागरिकों के भरण-पोषण के लिए आवेदनपत्र न्यायाधिकरण के सम्मुख दाखिल किया जाता है। भरण-पोषण के आवेदनपत्रों पर फैसला देने तथा उनका निपटारा करवाने के लिए प्रत्येक राज्य के लिए हरेक सब-डिविजन में एक या उससे अधिक न्यायाधि करणों की स्थापना करना आवश्यक है। (धारा-7)

इस न्यायाधिकरण को भरण-पोषण के आवेदन पत्रों पर शपथपूर्वक गवाही करवाने के लिए दीवानी न्यायालय की सभी शक्तियाँ प्रदान की गई हैं। न्यायाधिकरण ऐसे एक या अधिक लोगों की सहायता ले सकता है जिन्हें जांच के संबंध में किसी मामले का विशेष ज्ञान प्राप्त है।

न्यायाधिकरण के पास गवाहों की उपस्थिति के लिये और संबंधित दस्तावेज और दूसरी चीजों को अपने सामने पेश करवाने संबंधित सभी शक्तियाँ भी होती हैं।

इस उद्देश्य से यह न्यायाधिकरण दंड प्रक्रिया संहिता यानि "सी. आर. पी. सी." की धारा 195 के अन्तर्गत दीवानी न्यायालय की परिधि में आती है।

ऐसे आवेदनपत्र कहाँ दाखिल किए जाते हैं

संतान या किसी रिश्तेदार के विरुद्ध ऐसे आवेदन निम्न में से किसी भी जिले में दाखिल किए जा सकते हैं:-

(क) आवेदक जहाँ रहता है या अंतिम समय जहाँ रह रहा था, अथवा

(ख) जहाँ संतान या रिश्तेदार रहता है।

आवेदन एक या एक से अधिक व्यक्तियों के विरुद्ध दाखिल किया जा सकता है। संतान और रिश्तेदार माता-पिता या वरिष्ठ नागरिक की देखभाल के लिए किसी अन्य व्यक्ति को दरखास्त यानि याचिका में पार्टी बनाने के लिए न्यायाधिकरण के सम्मुख आवेदन-पत्र दाखिल कर सकते हैं। यद्यपि दंड प्रक्रिया संहिता की धारा 125 के अन्तर्गत भरण-पोषण प्रदान करने के लिए प्रावधान दिया गया है और इसके तहत वरिष्ठ नागरिक या माता-पिता भरण-पोषण पाने के हकदार हैं, वे इसके इन प्रावधानों में से किसी एक के तहत आवेदनपत्र दाखिल कर सकते हैं। परन्तु आवेदनपत्र दोनों प्रावधानों के तहत एक साथ दाखिल नहीं किया जा सकता है।

आवेदनपत्र कौन दाखिल कर सकता है

भरण-पोषण के लिए निम्न में से कोई भी आवेदनपत्र दाखिल कर सकता है:-

(क) वरिष्ठ नागरिक या माता-पिता

(ख) कोई अन्य व्यक्ति या संगठन जिसे वरिष्ठ नागरिक या माता-पिता ने आवेदनपत्र दाखिल करने के लिए अधिकार दिया हो। लेकिन ऐसा तभी संभव है जहाँ वरिष्ठ नागरिक या माता-पिता आवेदन दाखिल करने में असमर्थ होते हैं।

यदि कोई आवेदनपत्र दाखिल नहीं भी किया गया है तब भी न्यायाधिकरण स्वयं ही कार्यवाही करते हुए भरण-पोषण भत्ता प्रदान करने का फैसला ले सकता है।

आवेदनपत्र का नोटिस

जब भी भरण-पोषण प्रदान करने के लिए संतान या रिश्तेदार के विरुद्ध आवेदनपत्र दाखिल किया जाता है तो विपक्षी पार्टी, जिसके विरुद्ध आवेदनपत्र दाखिल किया गया है, को नोटिस जारी किया जाता है।

जिन संतानों या रिश्तेदारों के विरुद्ध आवेदनपत्र दाखिल किया गया है उनकी पेशी को सुनिश्चित करने के लिए न्यायाधिकरण को दंड प्रक्रिया संहिता में उल्लिखित प्रथम श्रेणी न्यायिक दण्डाधिकारी की शक्तियाँ भी प्रदान की गई हैं। इन शक्तियों का प्रयोग करके न्यायाधिकरण प्रतिपक्ष बनाए गई संतानों या रिश्तेदार को अपने सम्मुख पेश होने के लिए बाध्य कर सकता है।

यदि न्यायाधिकरण को लगता है कि जिन संतानों या रिश्तेदारों के विरुद्ध आवेदनपत्र दाखिल किया गया है, वे जानबूझकर नोटिस की तामिल करने या न्यायिक कार्यवाही में हिस्सा लेने से बच रहे हैं तो ऐसी स्थिति में न्यायाधिकरण को यह शक्ति प्रदान की गई है कि वह एक पक्षीय आधार पर (Ex-Party) मामले की सुनवाई करके अपना फैसला दे सकता है।

सुलह अधिकारी के संबंध में

आवेदनपत्र पर सुनवाई करने से पहले न्यायाधिकरण उसे सुलह अधिकारी के पास भेज सकता है। सुलह अधिकारी को अपने विचार एक महीने के भीतर देने होते हैं। यदि सुलह अधिकारी के समक्ष सौहार्दपूर्ण समझौता हो जाता है तो न्यायाधिकरण समझौते के अनुसार अपना फैसला सुना देता है। न्यायाधिकरण किसी भी व्यक्ति को सुलह अधिकारी के तौर पर मनोनीत कर सकता है। राज्य सरकार के द्वारा नियुक्त भरण-पोषण अधिकारी भी सुलह अधिकारी के तौर पर कार्य कर सकता है। सोसायटी पंजीकरण अधिनियम, 1860 के तहत पंजीकृत कोई स्वयंसेवी संस्था या संगठन का कोई प्रतिनिधि या सदस्य भी सुलह अधिकारी के तौर पर कार्य कर सकता है।

भरण-पोषण के आवेदनपत्र का निपटारा करने का तरीका

माता-पिता या वरिष्ठ सदस्य के बच्चों या रिश्तेदार को भरण-पोषण के आवेदनपत्र का नोटिस जारी करने के बाद तथा सभी पक्षों को सुने जाने का अवसर प्रदान करने के उपरांत न्यायाधिकरण भरण-पोषण की राशि को तय करने के लिए जाँच करवाता है।

ऐसा करते हुए न्यायाधिकरण, राज्य सरकार के द्वारा निर्धारित किसी नियम के अनुसार या ऐसी सारांश (summary) प्रक्रिया अपनाते हुए, जो उसे उचित लगे, जाँच करवा सकता है।

पक्षों को व्यक्तिगत तौर पर या किसी प्राधिकृत प्रतिनिधि के माध्यम से सुनना

इस अधिनियम के तहत सुनवाई के दौरान कोई भी पक्ष किसी अधिवक्ता या वकील को खड़ा नहीं कर सकता है। लेकिन प्रत्येक पक्ष को व्यक्तिगत तौर पर सुने जाने का पूरा अवसर प्रदान किया जाता है। मामले से जुड़े पक्ष, स्वेच्छा से, किसी प्रतिनिधि के द्वारा अपनी बात रख सकते हैं।

ऐसी परिस्थिति में यह प्रावधान किया गया है कि यदि माता-पिता चाहें तो उनका प्रतिनिधित्व करने के लिए किसी भरण-पोषण अधिकारी की नियुक्ति की जाएगी। राज्य सरकार को यह निर्देश दिए गए हैं कि वह आवेदक "वरिष्ठ नागरिक" या "माता-पिता" का प्रतिनिधित्व करने के लिए जिला समाज कल्याण अधिकारी या समकक्ष पद के किसी अन्य अधिकारी को नियुक्त करे।

अंतरिम भरण-पोषण भत्ते का प्रावधान

यद्यपि, इस अधिनियम के तहत यह व्यवस्था की गई है कि प्रतिपक्ष यानि संतानों या रिश्तेदार, को नोटिस की तामिल होने के 90 दिन के भीतर भरण-पोषण के आवेदन पत्र का निपटारा किया जाएगा, पर कई मामलों में आवेदनकर्ता को सामान्य जीवन व्यतीत करने के लिए भरण-पोषण भत्ते की तत्काल आवश्यकता होती है। इस दृष्टिकोण से

इस अधिनियम के तहत "अंतरिम भरण-पोषण भत्ता" (Interim Maintenance Allowance) देने का प्रावधान भी किया गया है। आवेदनपत्र का निपटारा करने की 90 दिन की अवधि को 30 दिन के लिए एक बार और बढ़ाया जा सकता है, पर ऐसा केवल असाधारण परिस्थितियों में ही किया जाएगा। जाँच के दौरान जब तक भरण-पोषण की याचिका विचाराधीन होती है तब तक न्यायाधिकरण वरिष्ठ नागरिक या माता-पिता को अंतरिम राहत के तौर पर मासिक भत्ता देने को स्वीकृति दे सकता है। इस संबंध में न्यायाधिकरण को यह शक्ति दी गई है कि वह संतानों या रिश्तेदार को समय-समय पर यह निर्देश दे सकता है कि वे वरिष्ठ नागरिक या माता-पिता को अंतरिम भरण-पोषण के लिए निर्धारित राशि दें। (धारा-5)

भरण-पोषण का आदेश

जब न्यायाधिकरण इस बात से संतुष्ट हो जाता है कि संतान या निकट संबंधी अपने "असमर्थ माता-पिता" या "वरिष्ठ नागरिक" को अनदेखा कर रहे हैं, उनकी ठीक से देखभाल नहीं कर रहे हैं या उनका भरण-पोषण नहीं कर रहे हैं तो न्यायाधिकरण उन संतानों व निकट संबंधियों को यह आदेश देता है कि वे उस वरिष्ठ नागरिक / माता-पिता को भरण-पोषण के लिए मासिक भत्ता दें। यह मासिक भत्ता मासिक दर के हिसाब से दिया जाता है।

यद्यपि, यह भी प्रावधान है कि भरण-पोषण भत्ता दस हजार रुपए प्रतिमाह से अधिक नहीं होना चाहिए। इस संदर्भ में राज्य सरकार भरण-पोषण भत्ते की राशि तय कर सकती है। (धारा-9)

भरण-पोषण की राशि पर ब्याज प्रदान करना

भरण-पोषण की राशि के अलावा न्यायाधिकरण उस पर पाँच प्रतिशत से अठारह प्रतिशत की सामान्य दर से ब्याज का भुगतान करने का निर्देश भी दे सकता है। आवेदक को आवेदनपत्र दाखिल करने की तारीख या न्यायाधिकरण द्वारा निर्धारित किसी अन्य तारीख से ब्याज दिया जा सकता है। (धारा-14)

भरण-पोषण का आदेश दिए जाने के बाद यदि किसी प्रतिवादी की मृत्यु हो जाती है

यदि भरण-पोषण की राशि देने के लिए एक से अधिक व्यक्तियों के विरुद्ध आदेश दिया गया है और उनमें से एक प्रतिवादी की मृत्यु हो जाती है तो ऐसी स्थिति में एक प्रतिवादी की मृत्यु से दूसरे प्रतिवादियों के उत्तरदायित्व पर कोई असर नहीं पड़ता है और उन्हें भरण-पोषण के भत्ते का भुगतान करते रहना होगा। (धारा-5 की उपधारा 6 के अनुसार)

भरण-पोषण की राशि के भुगतान का निर्धारण कब से होता है

भरण-पोषण की राशि और मुकदमें के खर्चों का भुगतान आदेश जारी होने की तारीख से किया जाता है। यद्यपि, यदि न्यायाधिकरण को उपयुक्त लगता है तो भरण-पोषण की राशि और मुकदमें के खर्चों के भुगतान का आदेश आवेदनपत्र दाखिल करने की तारीख से भी किया जा सकता है।

यदि भरण-पोषण के आदेश का पालन नहीं किया जाता है

ऐसे मामले भी हो सकते हैं जिनमें संतान या रिश्तेदार भरण-पोषण के फैसले का पालन नहीं करते हैं। ऐसी परिस्थितियों में आदेश की प्रत्येक बार अवज्ञा करने पर न्यायाधिकरण बकाया राशि बतौर जुर्माना वसूलने के लिए वारंट जारी कर सकता है। ऐसी परिस्थिति में दोषी पर प्रत्येक महीने के भरण-पोषण की पूरी राशि और मुकदमें के पूरे खर्च (वारंट के जारी होने के बाद भी जिसका भुगतान नहीं किया गया है) या जितना पैसा बकाया रहता है उसके बराबर कैद का हुक्म किया जा सकता है। दोषी को एक महीने या इससे पहले भुगतान करने की अवधि के लिए कैद भी हो सकती है।

इसके अतिरिक्त जो व्यक्ति भरण-पोषण भत्ता पाने और मुकदमें का खर्च पाने का हकदार हो उसे देय राशि पाने के लिए दरखास्त दायर

करनी होती है। जिस तारीख से भरण-पोषण भत्ता देय हो, याचिका उस तारीख से तीन महीने की अवधि के भीतर दाखिल की जानी चाहिए।

भरण-पोषण आदेश की प्रति कैसे प्राप्त करें?

प्रत्येक वरिष्ठ नागरिक या माता-पिता, जिसके पक्ष में आदेश जारी किया गया है, भरण-पोषण आदेश की प्रति या मुकदमें के खर्च से संबंधित आदेश की प्रति को निःशुल्क प्राप्त करने का हकदार है।

भरण-पोषण आदेश के तहत संतान या रिश्तेदार को देय राशि का भुगतान कब करना चाहिए?

न्यायाधिकरण द्वारा पारित आदेश के तहत भरण-पोषण भत्ते की राशि या मुकदमें का खर्च अदा करने के लिए जिम्मेदार संतान या रिश्तेदार को आदेश सुनाए जाने की तारीख के 30 दिन के भीतर देय राशि जमा करवा देनी चाहिए। इस अवधि का संबंध आदेश में उल्लिखित राशि या कुल राशि की अदायगी से है। (धारा-13)

भरण-पोषण भत्ते में परिवर्तन

यदि न्यायाधिकरण भरण-पोषण भत्ते से संबंधित पूर्व पारित आदेश में परिवर्तन की आवश्यकता अनुभव करता है, तो वह उसमें, जो भी उसे उचित लगे, परिवर्तन कर सकता है। परिवर्तन में भरण-पोषण संबंधित पूर्व आदेश में बदलाव करना या उसे रद्द करना शामिल है। निम्नलिखित में से किसी भी तथ्य को सिद्ध करने पर ही यह परिवर्तन किया जा सकता है:-

(क) वास्तविकता को गलत तरीके से प्रस्तुत किया गया हो।

(ख) तथ्यों में त्रुटि हो।

(ग) मासिक भत्ता प्राप्त करने वाले व्यक्ति की परिस्थितियों में बदलाव आया हो,

अथवा

(घ) क्षम दीवानी न्यायालय के किसी फैसले को ध्यान में रखते हुए। (धारा-10)

भरण-पोषण के आदेश को लागू कैसे करवाएँ?

भरण-पोषण के आदेश या मुकदमें के खर्च से संबंधित आदेश को किसी भी न्यायाधिकरण द्वारा विरोधी पक्ष, अर्थात् जिसके विरुद्ध आदेश जारी किया गया हो, के खिलाफ जहाँ भी विरोधी पक्ष हो लागू करवाया जा सकता है।

यदि वरिष्ठ नागरिक या माता-पिता, जिसके पक्ष में ये आदेश जारी हुआ हो, एक जगह के रहने वाले हों तथा विरोधी पक्ष जिसके खिलाफ आदेश जारी हुआ हो, किसी दूसरी जगह का रहने वाला हो, तो विरोधी पक्ष जिस जगह का रहने वाला होगा, वो जगह जिस न्यायाधिकरण के क्षेत्राधिकार में आती होगी, वह न्यायाधिकरण इस आदेश को लागू करवाने में सक्षम होगा। हालाँकि, इस आदेश को लागू करवाने से पहले न्यायाधिकरण को पक्षकारों की पहचान तथा भत्ते का भुगतान न होने या देय खर्चों से संबंधित जानकारी की बाबत संतुष्ट होना होता है। (धारा-11)

संपदा के अंतरिती के विरुद्ध भरण-पोषण का आदेश लागू करवाना

कुछ मामले इस तरह के भी हो सकते हैं जहाँ वरिष्ठ नागरिक को किसी संपदा से होने वाली आय से भरण-पोषण प्राप्त करने का अधिकार मिला हो, पर भरण-पोषण का भुगतान करने का जिम्मेदार व्यक्ति ऐसी संपदा को पूर्णतया या अंशतः, किसी दूसरे को हस्तांतरित (Transfer) कर दे। ऐसी स्थिति में भी वरिष्ठ नागरिक असहाय नहीं है, इसका भी उपाय है।

वे वरिष्ठ नागरिक जिसके पक्ष में भरण-पोषण आदेश जारी किया गया है, ऐसे व्यक्ति के खिलाफ भरण-पोषण आदेश लागू करवा सकता है जिसको संपदा हस्तांतरित (Transfer) की गई है।

हालाँकि उसे न्यायाधिकरण के सामने ये सिद्ध करना पड़ेगा कि संपत्ति के खरीदार को उस संपदा से भरण-पोषण के अधिकार की

जानकारी थी या उस संपत्ति का हस्तांतरण (Transfer) बिना किसी प्रतिफल/रकम के किया गया हो। भरण-पोषण प्राप्त करने का अधिकार उस अंतरिती के खिलाफ लागू नहीं करवाया जा सकता जिसने प्रतिफल / रकम देकर संपत्ति खरीदी हो। यह अधिकार उस अंतरिती के खिलाफ भी लागू नहीं करवाया जा सकता जिसे उक्त वरिष्ठ नागरिक के किसी ऐसे अधिकार की जानकारी न हो।

यहाँ इस बात पर ध्यान देना महत्वपूर्ण है कि यदि कोई वरिष्ठ नागरिक इस स्थिति में नहीं है या अपने अधिकार का उपयोग करके हस्तांतरण को अवैध घोषित करवाने में असमर्थ है, तो सोसायटी पंजीकरण अधिनियम के तहत पंजीकृत कोई भी संगठन उसकी तरफ से ये कार्यवाही कर सकता है। इसी प्रकार ये स्वैच्छिक संगठन उसकी प्रार्थना पर अंतरिती के खिलाफ (Transferee) भरण-पोषण प्राप्त करने के अधिकार को लागू करवाने के लिए कार्यवाही कर सकते हैं। (धारा-23)

अपीलें

कोई भी वरिष्ठ नागरिक या माता-पिता जो न्यायाधिकरण द्वारा पारित आदेश से असंतुष्ट हों, आदेश पारित होने के 60 दिन के भीतर अपीलीय न्यायाधिकरण में अपील दाखिल कर सकता है।

राज्य सरकार से प्रत्येक जिले में एक अपीलीय न्यायाधिकरण बनाने की अपेक्षा की गई है जिसका पीठासीन अधिकारी जिलाधीश पद के स्तर से कम स्तर का नहीं होना चाहिए। (धारा-16)

अपील दाखिल करने का समय

न्यायाधिकरण द्वारा पारित आदेश के खिलाफ, आदेश की तारीख के 60 दिन के भीतर अपील की जा सकती है। हालाँकि, यदि अपीलकर्ता, अपीलीय न्यायाधिकरण के सामने 60 दिन के भीतर अपील दाखिल न कर पाने के संबंध में उचित कारण प्रस्तुत करें और अपीलीय न्यायाधिकरण उनसे संतुष्ट हो, तो अपीलीय न्यायाधिकरण 60 दिन की अवधि के बाद भी अपील पर सुनवाई कर सकता है।

व्यक्तिगत तौर पर या विधिवत् प्राधिकृत प्रतिनिधि के माध्यम से पक्षकारों की सुनवाई

अपील करने वाले किसी भी पक्षकार का पक्ष किसी अधिवक्ता / वकील द्वारा नहीं रखा जाएगा। परंतु प्रत्येक पक्ष को व्यक्तिगत तौर पर सुनवाई का अवसर दिया जाएगा। पक्षकार अपना पक्ष एक विधिवत् प्रतिनिधि के माध्यम से भी रख सकते हैं।

अपील लंबित होने की दशा में भरण-पोषण भत्ते का भुगतान

अपील प्राप्त होने के एक महीने के भीतर अपील निपटा दी जानी चाहिए जहाँ न्यायाधिकरण द्वारा वरिष्ठ नागरिक या माता-पिता को भरण-पोषण भत्ता देने का आदेश दिया गया है, परन्तु भरण-पोषण भत्ते से संबंधित आदेश को अपील के माध्यम से चुनौती दी गई है तो ऐसी स्थिति में भी अपीलीय न्यायाधिकरण यह निर्देश दे सकता है कि संतान या रिश्तेदार भरण-पोषण भत्ते की राशि का भुगतान जारी रखें।

अपीलीय न्यायाधिकरण के आदेश के विरुद्ध कोई अपील स्वीकार्य नहीं होगी

अपीलीय न्यायाधिकरण द्वारा पारित आदेश अंतिम माना जाएगा। दूसरे शब्दों में, अपीलीय न्यायाधिकरण के आदेश के खिलाफ अपील दाखिल नहीं की जा सकती है।

अपीलीय न्यायाधिकरण के आदेश की प्रतिलिपि

अपील के अंतिम निपटारे के आदेश की प्रतिलिपि दोनों पक्षकारों को निःशुल्क उपलब्ध करवाई जानी होती है।

दीवानी न्यायालय का क्षेत्राधिकार लागू नहीं होगा

किसी भी मामले के संबंध में जहाँ इस अधिनियम का कोई भी नियम लागू होता हो, वहाँ दीवानी न्यायालय का क्षेत्राधिकार लागू नहीं होगा।

अपराध

वरिष्ठ नागरिक का परित्याग एवं अनाश्रयता

वरिष्ठ नागरिक की देखरेख या संरक्षण करने वाला कोई व्यक्ति यदि उसका पूर्णतया परित्याग करने की मंशा के साथ उसे किसी स्थान पर अकेला छोड़ आता है तो वह व्यक्ति इस अधिनियम की धारा 24 के अंतर्गत इस अपराध का दंड पाने का अधिकारी बन जाता है। ऐसे अपराधी को 3 महीने की अवधि तक कारावास या 5000/- रुपए तक का जुर्माना या एक साथ दोनों दंड दिए जा सकते हैं।

दंडाधिकारी ऐसे अपराध की सुनवाई करता है। इस प्रकार की सुनवाई के लिए संक्षिप्त प्रक्रिया (summary procedure) अपनाई जाती है। ये संज्ञेय अपराध (cognizable offence) का मामला होता है। हालांकि, कानून के अनुसार ऐसे मामलों में जमानत दी जा सकती है। (धारा-24 से 26)

कुछ परिस्थितियों में संपत्ति का हस्तांतरण रद्द माना जाएगा

कई बार ऐसा भी होता है कि वरिष्ठ नागरिक या माता-पिता अपनी संपत्ति अपनी संतान या रिश्तेदार को इस उम्मीद से या इस आश्वासन पर हस्तांतरित (Transfer) कर देते हैं कि उसकी संतान या रिश्तेदार उसकी देखभाल करेगा, परन्तु उनकी देखभाल बिल्कुल नहीं की जाती है।

इस अधिनियम में इसका भी समुचित समाधान है और यह समाधान वरिष्ठ नागरिक के हित में है। इसमें ऐसी व्यवस्था है कि इस अधिनियम के लागू होने के बाद यदि कोई वरिष्ठ नागरिक उपहार या किसी अन्य रूप में किसी को अपनी संपत्ति इस शर्त पर हस्तंरित (Transfer) करता है कि वह व्यक्ति (Transferee) उस वरिष्ठ नागरिक को बुनियादी सुख-सुविधाएं मुहैया करवाएगा और बुनियादी भौतिक आवश्यकताऐं पूरी करेगा, परन्तु संतान या रिश्तेदार या ट्रांसफरी (Transferee) उसे बुनियादी सुख-सुविधाएं देने में या उसकी भौतिक जरूरतों

को पूरा करने से इंकार कर देते हैं या इसमें नाकाम होते हैं तो ऐसे में संपत्ति के हस्तांतरण को रद्द माना जाएगा।

कानून में यह व्यवस्था है कि हस्तांतरणकर्ता या वरिष्ठ नागरिक या माता-पिता द्वारा किया गया संपत्ति का ऐसा हस्तांतरण (Transfer), धोखाधड़ी या जोर-जबरदस्ती या अनुचित प्रभाव में किया गया माना जाएगा।

हस्तांतरण को रद्द घोषित करवाने हेतु ऐसे विकल्प का प्रयोग करने के लिए न्यायाधिकरण के समक्ष मुकदमा दायर करना पड़ता है। (धारा-23)

●●●

29

चैक-बाउंस मामलों की शिकायत

Complaint in cheque bounce cases

चैक बाउंस यानि चैक का अस्वीकार होना

जब आप किसी को चैक काट कर देते हैं और किसी कारणवश वह बैंक द्वारा अस्वीकार कर दिया जाता है, तो इसे ही **चैक बाउंस** होना कहते हैं। चैक बाउंस होने पर प्राप्तकर्त्ता या धारक को अनचाहे कष्ट और परेशानी का सामना करना पड़ता है। ऐसे मामलों में आप चैक के अस्वीकार होने पर प्रक्राम्य लिखित अधिनियम (नेगोशिएबल इंस्ट्रुमेण्ट्स एक्ट) की धारा-138 के तहत शिकायत दर्ज करवा सकते हैं।

धारा 138 कब लागू होती है ?

1. जब किसी ऋण की अदायगी या अन्य कर्ज या दायित्व से मुक्त होने के लिए किसी व्यक्ति द्वारा अपने बैंक खाते से चैक के जरिए दूसरे व्यक्ति को निर्धारित राशि का भुगतान किया जाता है,
2. वह चैक बैंक द्वारा बिना भुगतान के वापस लौट आता है,
3. क्योंकि चैक काटने वाले व्यक्ति के खाते में पर्याप्त राशि ही नहीं थी या बैंक जितनी राशि अदा कर सकता है, चैक में दर्शायी गई राशि उससे कहीं अधिक थी या किसी अन्य कारण से बैंक द्वारा चैक वापस लौटा दिया जाता है,
4. चैक को वैध/निर्धारित समय-सीमा के भीतर भुगतान के लिए बैंक में डाला गया था,

5. चैक बाउंस होने की सूचना मिलने के 30 दिन के भीतर धारक/प्राप्तकर्त्ता चैक की भुगतान-प्रक्रिया के तहत अदाकर्त्ता (चैक काटने वाले व्यक्ति) को लिखित रूप में नोटिस देकर चैक की निर्धारित राशि के भुगतान की मांग करता है,
6. चैक काटने वाला व्यक्ति धारक को निर्धारित समय-सीमा या मामले के अनुसार नोटिस मिलने के 15 दिन के भीतर चैक की राशि का भुगतान करने में असफल हो जाता है।

चैक बाउंस के मामलों में हमेशा ध्यान रखें कि आप अदाकर्त्ता द्वारा दिए गए चैक को उसकी वैधता अवधि के अंदर कितनी बार भी भुगतान के लिए बैंक में डाल सकते हों, पर कानूनी तौर पर चैक बाउंस के मामलों की शिकायत लिखित नोटिस दिये जाने पर केवल एक बार ही की जा सकती है। उदाहरण के तौर पर, आप अपने नाम पर काटे गए एक चैक को भुगतान के लिए बैंक में जमा करते है और वह बिना भुगतान के वापस लौटा दिया जाता है, तो आप अदाकर्त्ता को कानूनी नोटिस दे सकते हैं। नोटिस मिलने के बाद भी यदि वह भुगतान करने में असफल रहता है, तो आपको एक महीने की समय-सीमा के भीतर उसकी शिकायत दाखिल करनी होगी। ऐसी परिस्थिति में आप उस चैक को भुगतान के लिए दोबारा बैंक में डालकर अदाकर्त्ता को नये सिरे से कानूनी नोटिस नहीं दे सकते हैं। इसका कारण यही है कि शिकायत दर्ज करवाने की समय-सीमा की शुरूआत वहीं से हो जाती है, जब अदाकर्त्ता कानूनी नोटिस मिलने के बाद भी भुगतान करने में असफल हो जाता है। ऐसी शिकायत कानूनी तौर पर मौका पैदा होने की तारीख के एक महीने के भीतर दाखिल करनी होती है। (देखें सदानंदन भानद्रन बनाम माधवन सुनील कुमार, ए.आई.आर. 1998 एससी 3043)।

शिकायत दर्ज करवाने से पहले कानूनी नोटिस की तामील जरूरी है

नेगोशिएबल इंस्ट्रुमेण्ट्स एक्ट के तहत कानूनी नोटिस का कोई निर्धारित प्रारूप या स्वरूप (प्रोफार्मा) नहीं दर्शाया गया है। पर ध्यान देने

योग्य बात यह है कि 'नोटिस' चैक बाउंस होने की सूचना मात्र नहीं होना चाहिए, अपितु उसमें चैक काटने वाले व्यक्ति/फर्म से चैक में दर्शायी गई राशि के भुगतान की मांग विशेष तौर से की जानी चाहिए। इसके साथ ही साथ नोटिस में चैक से सम्बन्धित दूसरी जानकारियों का वर्णन भी होना चाहिए जैसे चैक का नंबर, तारीख, राशि, चैक-दाता व धारक के बैंक और शाखा का नाम, चैक जमा करवाने की तारीख, किस उद्देश्य/कारण के लिए चैक दिया गया था, चैक बाउंस होने की तारीख और चैक के बाउंस होकर लौटने का कारण इत्यादि।

कई बार चैकदाता द्वारा धारक को दिए गए एक से अधिक चैक बाउंस हो जाते हैं। ऐसे मामलों में हर चैक के लिए अलग कानूनी नोटिस देने की आवश्यकता नहीं होती है। सभी बाउंस चैकों के लिए केवल एक कानूनी नोटिस भेजना ही पर्याप्त है और वही वैध माना जाएगा। हां, इस बात का अवश्य ध्यान रखना चाहिए कि जब भी आपको चैक बाउंस की सूचना मिले, उसके 30 दिन के भीतर कानूनी नोटिस भेजने की कार्यवाही अवश्य कर दें, अन्यथा आपको नुकसान हो सकता है।

चैक बाउंस होने पर आपको किसी वकील के माध्यम से ही कानूनी नोटिस भेजना है – यह बिल्कुल जरूरी नहीं है। आप स्वयं भी चैकदाता को कानूनी नोटिस भेज सकते हैं।

कानूनी नोटिस तैयार करते समय इस बात का जिक्र अवश्य कर दें कि आपके यानि धारक के द्वारा चैकदाता से किसी राशि के भुगतान या ब्याज अथवा क्षतिपूर्ति इत्यादि की मांग नहीं की गई है।

कानूनी नोटिस की तामील के लिए क्या करें ?

चैकदाता को कानूनी नोटिस देते समय आप उसकी एक प्रति अपने रिकार्ड में अवश्य रखें और यदि नोटिस रजिस्टर्ड डाक द्वारा भेजा गया है, तो प्रमाण के तौर पर उसकी रसीद, पावती और अन्य कागजात को संभाल कर रखें। यदि कानूनी नोटिस कोरियर से भेजा गया है, तो उसकी रसीद आपके रिकार्ड में होनी चाहिए।

फैक्स, इण्टरनेट और ई-मेल इत्यादि संचार माध्यमों को भी नोटिस की तामील के लिए कानून के द्वारा मान्यता दी गई है, इसलिए आप इन आधुनिकतम साधनों के द्वारा भी नोटिस भेज सकते हैं। जब भी आप डाक द्वारा नोटिस भेजें, तो याद रखें कि लिफाफे पर प्रेषक का पूरा नाम और पता साफ-साफ अक्षरों में लिखा हो, ताकि नोटिस की तामील समय पर हो सके और जब तक नोटिस प्राप्त करने वाला व्यक्ति न्यायालय के सम्मुख यह साबित नहीं करता कि उसे नोटिस नहीं मिला या नोटिस की तामील ना होने के लिए वह जिम्मेदार नहीं है।

यदि नोटिस **ना चाहे** की रिपोर्ट के साथ वापस लौट आता है, तो उपर्युक्त 15 दिन की अवधि उस दिन से चालू होगी, जब नोटिस को दिये पते पर लिया नहीं जाता। (इसके लिए धारा-138 के अनुच्छेद (डी) को देखें)। पर ऐसी परिस्थिति में दोषी को (चैकदाता को) न्यायालय के सम्मुख यह बताना होता है कि उसे इस बात की जानकारी ही नहीं थी कि उसके पते पर कोई कानूनी नोटिस भेजा गया था।

यदि नोटिस पावती सहित रजिस्टर्ड डाक से भेजा जाता है और उस पर प्रेषक का नाम और पता पूरी तरह सही है और इसके बावजूद न तो डाक का लिफाफा वापस आता है और न ही पावती मिलती है, तो ऐसे मामलों में यह मान लिया जाता है कि दर्शाये गए पते पर नोटिस की तामील हो चुकी है।

पैसा या जवाब मिलने का इंतजार करें

आपके द्वारा भेजे गए नोटिस की तामील होने पर आप 15 दिन तक इंतजार करें। ऐसा इसलिए किया जाता है ताकि देनदार को चैक की राशि का भुगतान करने का समय मिल जाए। यदि इस समय-सीमा के अंदर देनदार आपको उस राशि का पूरा भुगतान कर देता है, तो इसके बाद न्यायालय में शिकायत दर्ज करवाने का कोई कारण ही नहीं बनता। पर यदि वह असफल हो जाता है और आपको 15 दिन के अंदर भुगतान नहीं करता है, तो आप बिना देर किए तुरंत न्यायालय में शिकायत दाखिल करें, क्योंकि ऐसी परिस्थिति में आपके पास भी शिकायत दर्ज करवाने के लिए मात्र कुछ दिन ही शेष बचे होते हैं।

उच्चतम न्यायालय के द्वारा केस दशरथ **रूपसिंह राठौड़ बनाम महाराष्ट्र सरकार, अगस्त 2014 में हाल ही में** दिये निर्णय के अनुसार ऐसी शिकायत वहीं दायर की जा सकती है जहां पर Drawee बैंक स्थित है और जिस बैंक ने चैक बिना भुगतान वापिस लौटाया हो!

शिकायत दाखिल करवाने की समय-सीमा

जैसा कि पहले ही कहा गया है, चैक बाउंस के मामलों में पीड़ित के पास अपने पक्ष में शिकायत दर्ज करवाने के लिए एक महीने का समय होता है। यदि न्यायालय चाहे तो वह इस समय-सीमा के बाद भी शिकायत पर सुनवाई कर सकता है, पर इसके लिए न्यायालय को भरोसा दिलाना पड़ता है कि आपने जानबूझ देर नहीं की है बल्कि कुछ खास कारणों से शिकायत समय-सीमा में दाखिल करने में देर हुई है।

शिकायत की प्रति, गवाहों की सूची और तलबाना फीस

न्यायालय द्वारा कार्यवाही शुरू करने से पहले आपको अपनी शिकायत के साथ शिकायत की कॉपी और गवाहों की सूची साथ में संलग्न करनी होती है। जब भी आप न्यायालय में कोई दस्तावेज या कागजात दाखिल करें, तो उसकी एक लिस्ट तैयार कर लें तथा दस्तावेजों के साथ वह लिस्ट साथ लगाकर जमा करें।

तलबाना फीस केवल 75 पैसे है, जो टिकट स्टैम्प के रूप में जमा की जाती है। न्यायालय की फीस स्टैम्प न्यायालय परिसर के भीतर बैठे स्टैम्प विक्रेताओं और सरकारी मान्यता प्राप्त दुकानदारों के पास उपलब्ध होती है। गवाहों या अभियुक्त को न्यायालय में बुलाने के लिए तलबाना फीस दी जाती है। तलबाने के फार्म पर निर्धारित राशि की स्टैम्प टिकट चिपकाकर उसे न्यायालय में जमा किया जाता है, जिसके बाद न्यायालय अभियुक्त और गवाहों को समन भेजने का आदेश जारी कर देता है।

यदि आप चैक बाउंस मामले में अभियुक्त हैं और नोटिस मिलने के बाद भी भुगतान नहीं करते हैं

यदि आप चैक बाउंस मामले में मुलजिम हैं और न्यायालय द्वारा जारी

किया गया समन आपको मिल चुका है, तो आपको अवश्य ही तय तारीख पर न्यायालय में पेश होना चाहिए। न्यायालय में पेश होने के बाद आप तुरंत जमानत की अर्जी दाखिल करें। इसके लिए जरूरी है कि आप किसी जमानती को साथ लेकर जाएं। जमानती के पास उसकी पहचान, आवास और रोजगार, वेतन, आर्थिक तौर पर सक्षम दर्शाने वाले दस्तावेज जरूर होने चाहिए जैसे कि पहचान के लिए फोटोग्राफ, मतदाता पहचान-पत्र, राशन कार्ड, कार्यालय का पहचान पत्र, ड्राइविंग लाइसेंस, पैन नंबर कार्ड, वेतन की रसीद, रोजगारदाता द्वारा दिया गया प्रमाण-पत्र इत्यादि। इसके अतिरिक्त जमानती अपनी आर्थिक सक्षमता को प्रमाणित करने के लिए अपने नाम के किसान विकास-पत्र, लघु एवं दीर्घावधि की जमा राशि की रसीद, जीवन-बीमा के कागजात इत्यादि भी न्यायालय में पेश कर सकता है। जमानत-पत्र न्यायालय परिसर में बैठे विक्रेताओं के पास उपलब्ध होते हैं, पर याद रहे कि ऐसे मामलों में किसी दलाल या अनजान व्यक्ति के संपर्क में आने से बचें। नकली जमानती आपके लिए मुसीबत का कारण बन सकता है।

आप अधिकार के साथ शिकायत और उसके साथ लगाए गए दस्तावेजों की कॉपियों की मांग कर सकते हैं। ये कॉपियां आपको न्यायालय द्वारा नि:शुल्क उपलब्ध करवाई जाती हैं। यदि किसी दस्तावेज की कोई कॉपी अधूरी है या उसमें कोई कमी है, तो बिना देर किए उसकी मांग करें। कॉपियां उपलब्ध करवाने के बाद आपको आपके विरुद्ध लगाए गए आरोपों की जानकारी दी जाती है। यदि आप अपनी गलती या अपराध को स्वीकार कर लेते हैं, तो न्यायालय आपको कानून द्वारा निर्धारित सजा का आदेश सुनाकर मामले को खत्म कर देता है।

यदि आप अपने विरुद्ध लगाए गए आरोपों से संतुष्ट नहीं हैं और मुकदमा लड़ना चाहते हैं, तो ऐसी स्थिति में न्यायालय मुकदमे की कार्यवाही शुरू कर देता है। सबसे पहले शिकायतकर्त्ता न्यायालय में अपने गवाह पेश करता है। शिकायत में लिखी बातों के समर्थन में वह न्यायालय के सम्मुख शपथ-पत्र भी दाखिल कर सकता है। विरोधी पार्टी

होने के नाते आपको उस शपथ-पत्र की कॉपी निःशुल्क उपलब्ध करवाई जाती है और ऐसा मुकदमे के शुरूआती चरण में ही किया जाता है ताकि आपको उसके तथ्यों को जानने का पूरा अवसर प्राप्त हो सके। न्यायालय में शिकायतकर्त्ता के गवाहों के बयान शपथ के साथ लिखित रूप में दर्ज किए जाते हैं। आप अधिकारस्वरूप शिकायतकर्त्ता और उसके गवाहों से जिरह कर सकते हैं।

शिकायतकर्त्ता की गवाही पूरी हो जाने के बाद गवाही के दौरान पेश आई गवाही आपको सुनाई जाती है ताकि आप उन पर अपना जवाब दे सकें।

इसके बाद आपको अपने विरुद्ध लगाए गए आरोपों को झूठा और बेबुनियाद साबित करने तथा स्वयं को निर्दोष साबित करने के लिए अपने गवाह पेश करने का मौका दिया जाता है।

इसके बाद मुकदमा बहस के लिए लगाया जाता है। बहस के बाद मामले को विचार और फैसले के लिए रख लिया जाता है। अंत में तथ्यों और गवाही के आधार पर न्यायाधीश, कानून के अनुसार अपना फैसला सुना देता है।

●●●

30

सायंकालीन अदालतें

अभी-अभी उच्च न्यायालय के निर्देशानुसार तीस हजारी, द्वारका, साकेत, रोहिणी, पटियाला हाउस एवं कड़कड़डूमा न्यायालय परिसर में सायंकाल की अदालतें शाम 5 बजे से 7 बजे तक लगनी शुरू हो गई हैं। इन अदालतों में चैक बाउंस के मुकदमे लिये जाते हैं। चैक की कीमत रु: 25000/- से अधिक नहीं होनी चाहिए।

जनता की सुविधा के लिये यह प्रावधान किया गया है कि ट्रैफिक चालान के संबंध में भी वे सायंकालीन अदालतों में पेश हो सकते हैं। इस तरह सरकारी कर्मचारी एवं अन्य लोग, दिन का वक्त बचाते हुये शाम को अदालतों में पेश होकर चालान का भुगतान कर सकते हैं।

चैक अस्वीकार होने पर अभियुक्त/दोषी को दिए जाने वाले कानूनी नोटिस का नमूना

(नेगोशिएबल इंस्ट्रुमेण्ट्स एक्ट की धारा-138 के अन्तर्गत)

द्वारा :

क.ख.ग.

(पता)

प्रतिपक्ष, जिसे नोटिस भेजा जा रहा है :

श्री...........प.फ.म.............

(पता)

विषय : नेगोशिएबल इंस्ट्रुमेण्ट्स एक्ट की धारा-138 (बी) के अन्तर्गत कानूनी नोटिस

श्रीमान/श्रीमती जी

मैं, स्वयं अपनी ओर से, आपको कानूनी नोटिस भेज रहा हूं–

1. कि दिनांक.......................को आपके द्वारा दिए गए आदेश के आधार पर मैंने आपको दिनांक............... को .... (जो भी चीजें/वस्तु आपने बेची या उपलब्ध करवाई हैं, उनका उल्लेख करें) भिजवाई थीं।
2. कि आपको उपर्युक्त वस्तु के सम्बन्ध में आप बिल (इनवाइस) संख्या .... दिनांक .... के अनुसार रुपए .... का भुगतान मुझे करना है।
3. कि उपर्युक्त भुगतान से मुक्त होने के लिए आपने .... के हित में दिनांक.................... को... बैक का चैक, संख्या......................... जारी किया था, जो दिनांक.... ....को भुगतान के लिए जमा किया गया।

4. कि उपर्युक्त चैक आपके बैंक द्वारा मैमो दिनांक..................... के माध्यम से वापस लौटा दिया गया है, क्योंकि ....बैंक ने (यह कहा गया है कि आपके बैंक खाते संख्या.................. में निर्धारित राशि जमा नहीं है या दूसरा जो भी कारण हो उसका जिक्र करें) उसे अस्वीकार कर दिया गया है।

5. कि इस बार मैं आपको अंतिम और आखिरी अवसर दे रहा हूँ और बता देना चाहता हूं कि आप नोटिस मिलने की तारीख के 15 दिन के भीतर अस्वीकृत चैक की पूरी राशि का भुगतान कर दें। यदि आप इसमें असफल होते हैं, तो मैं उपर्युक्त अधिनियम के तहत आपके विरुद्ध कानूनी कार्यवाही करने के लिए बाध्य हूं तथा इसके परिणामों के लिए केवल आप ही पूरी तरह जिम्मेदार होंगे। अधिनियम के तहत कानूनी कार्यवाही दिल्ली (या जिस स्थान पर शिकायत दर्ज कर रहे हैं उसका नाम लिखें, पर वह स्थान उस न्यायालय के अधिकारिता क्षेत्र में आता हो जहां आप शिकायत दाखिल कर रहे हैं) में की जाएगी तथा इसके साथ ही साथ आप इस अधिनियम के अन्तर्गत दण्ड/सजा के लिए भी स्वयं उत्तरदायी होंगे।

इस नोटिस की एक कापी आपको प्रमाणित डाक से भेजी जा रही है तथा एक कॉपी रिकार्ड में रखी गई है ताकि भविष्य में आवश्यकता पड़ने पर उसे पेश किया जा सके।

द्वारा

क.ख.ग

•••

नेगोशिएबल इंस्ट्रुमेण्ट्स एक्ट की धारा-138 के अन्तर्गत चैक बाउंस के मामलों में दण्ड शिकायत का नमूना

श्री...मुख्य महानगर दण्डाधिकारी/मुख्य न्यायिक दण्डाधिकारी के न्यायालय में

या

श्री..अति. मुख्य महानगर दण्डाधिकारी/मुख्य न्यायिक दण्डाधिकारी के न्यायालय में (निर्धारित मूल्य की कोर्ट स्टैम्प फीस यहां चिपकाएं)

श्री...

(शिकायतकर्त्ता का नाम लिखें) शिकायतकर्त्ता

बनाम

श्री..

(प्रतिपक्ष का नाम लिखें) अभियुक्त

(उस पुलिस स्टेशन का नाम लिखें जिसके क्षेत्राधिकार में यह मामला आता है।)

(नेगोशिएबल इंस्ट्रुमेण्ट्स एक्ट-138 एवं धारा-141 के तहत शिकायत)

शिकायतकर्त्ता निवेदन करता है :-

1. कि शिकायतकर्त्ता .... का काम करता है / अथवा .... का मालिक है। (यहां शिकायतकर्त्ता अपने काम का संक्षिप्त ब्यौरा दे।)
2. कि.. इस मामले में अभियुक्त है। / अथवा अभियुक्त संख्या 1 ....है, अभियुक्त संख्या 2................................है, अभियुक्त संख्या 3............ ....है। (यहां अभियुक्त/दूसरी पार्टी के बारे में संक्षेप में बताए तथा वे आपस में किस तरह एक-दूसरे से जुड़े हुए या सम्बन्धित है, इसका ब्यौरा भी दे।

3. कि अभियुक्त संख्या... का शिकायतकर्त्ता के साथ.................................. के बारे में आपसी समझौता/लेन-देन हुआ था (यहां शिकायतकर्त्ता और अभियुक्त के बीच हुए लेन/देन के बारे में संक्षेप में बताए), तथा आदेश दिनांक...................... .... के अनुसार शिकायतकर्त्ता ने अभियुक्त का.............. .... चीजें भिजवायी थीं। (यहां उस सामान/वस्तुओं का ब्यौरा दे, जिसे शिकायकर्त्ता ने अभियुक्त को उसके आदेश पर उपलब्ध करवाया है।)

4. कि इस तरह अभियुक्त संख्या..................................... शिकायतकर्त्ता को रुपए................/-का भुगतान करने के लिए जिम्मेदार है।

5. कि अभियुक्त संख्या.........................ने उपरोक्त जिम्मेदारी को पूरा करने के लिए शिकायतकर्त्ता को........................बैंक का चैक संख्या.................................दिनांक......................... दिया।

6. कि अभियुक्त द्वारा दिए गए चैक/चैकों को भुनाने के लिए शिकायतकर्त्ता ने दिनांक.....................................को अपने बैंक ....बैंक का पूरा नाम व पता.............. ....में जमा करवाया, पर वह/सभी चैक दिनांक......... ....को.................................... के कारण अभियुक्त के बैंक..............................द्वारा अस्वीकार कर दिए गए और इस तरह सभी/चैक बिना भुगतान के वापस लौट आया/आए। (कारण के रिक्त स्थान में चैक अस्वीकार मैमो पर दर्शाये गए कारण का उल्लेख करे)।

7. कि शिकायतकर्त्ता ने तुरंत कार्यवाही करते हुए अभियुक्त को दिनांक....................................को कानूनी नोटिस भेजकर चैक/चैकों के स्वीकार होने की सूचना दे दी थी तथा उसे निर्धारित राशि का भुगतान करने के लिए कहा गया था। कानूनी नोटिस रजिस्टर्ड डाक/यूपीसी द्वारा भेजा गया था, जिसे अभियुक्त ने स्वयं प्राप्त किया है। (या उसका नाम लिखें जिसने नोटिस लिया।)

8. कि अभियुक्त ने कानूनी नोटिस मिलने के बावजूद न तो निर्धारित राशि का भुगतान किया और न ही भुगतान के उत्तरदायित्व से मुक्त होने के लिए कोई प्रयास किया। यहां तक कि कानूनी नोटिस मिलने के बाद 15 दिनों की निर्धारित समय-सीमा की अवधि भी समाप्त हो चुकी है।

9. चूंकि अभियुक्त निर्धारित समय-सीमा के भीतर चैक की राशि का भुगतान करने में असफल हो चुका है, अतः वह/वे उपर्युक्त अधिनियम की धारा 138 के अन्तर्गत अपराधी हैं।

10. कि दिल्ली (शहर का नाम लिखें) में स्थापित आपके न्यायालय को इस मामले को सुनने की अधिकारिता प्राप्त है, क्योंकि दोनों पक्षों के बीच लेन-देन दिल्ली में हुआ है, क्योंकि अभियुक्त द्वारा दिल्ली में ही चैक जारी किया गया, क्योंकि चैक को भुनाने के लिए दिल्ली स्थित बैंक की शाखा में डाला गया था, कि अस्वीकार होने के बाद चैक दिल्ली में ही वापस प्राप्त हुए तथा अभियुक्त को कानूनी नोटिस भी दिल्ली में ही भेजा गया तथा अभियुक्त ने दिल्ली में ही उस कानूनी नोटिस को प्राप्त किया।

प्रार्थना

उपर्युक्त तथ्यों के प्रकाश में प्रार्थी/शिकायतकर्त्ता इस न्यायालय के सम्मुख विनम्रतापूर्वक प्रार्थना करता है कि दोषी व्यक्ति/व्यक्तियों के विरुद्ध कानूनी कार्यवाही की जाए तथा उसे कानून के अनुसार दण्डित किया जाए तथा शिकायतकर्त्ता के साथ न्याय करते हुए उसे उचित सहायता प्रदान की जाए।

स्थान

दिनांक

(शिकायकर्त्ता का
नाम व हस्ताक्षर)

....

शिकायत के साथ संलग्न किए जाने वाले दस्तावेज

1. गवाहों की सूची न्यायालय में दाखिल की जाती है। (शिकायत में लगाए गए आरोपों को सिद्ध करने के लिए न्यायालय में जिन गवाहों की गवाही दर्ज करवानी है, उनका नाम लिखें। साथ ही यह भी बताएं कि उनकी गवाही किस तरह मामले के फैसले से सम्बन्धित है)।
2. आपकी शिकायत को मजबूत बनाने वाले समस्त सम्बन्धित दस्तावेजों की एक सूची साथ लगाएं। (सूची में दस्तावेजों का विवरण भी दें जैसे अनुबंध-पत्र, चैक, चैक वापसी की मैमो, कानूनी नोटिस की प्रति, डाक व कोरियर की रसीद, अभियुक्त का जवाब (यदि प्राप्त हुआ हो), प्राप्ति-रसीद या कोरियर की रसीद इत्यादि।

शपथ-पत्र का नमूना

(चैक बाउंस के मुकदमे में गवाही के तौर पर–न्यायालय में दाखिल किया जाता है)

शपथ-पत्र

मैं ....(शिकायतकर्त्ता/प्राथी का नाम) सुपुत्र श्री.. .... सत्यनिष्ठा के साथ शपथपूर्वक घोषणा करता हूं –

1. कि प्रार्थी... .... का मालिक है।

   (यहां संक्षेप में अपने रोजगार/व्यवसाय का उल्लेख करें)

2. कि मामले में श्री.. ....अभियुक्त है अथवा अभियुक्त नंबर एक है, श्री ....अभियुक्त नंबर दो है, श्री...अभियुक्त नंबर तीन

है। (इस तरह यहां दोषी व्यक्तियों का नाम व उनका संक्षिप्त विवरण दें तथा यह भी बताएं कि वे किस तरह एक दूसरे से सम्बन्धित हैं)

3. कि अभियुक्त नंबर.. ....के लिए प्रार्थी के अनुबंध/लेन-देन किया। (यहां अभियुक्त और प्राथी के बीच हुए सौदे/लेन-देन/अनुबंध का विवरण दें)।

4. कि प्रार्थी ने अभियुक्त को उपर्युक्त वस्तुएं भिजवाई (अथवा रुपए. ..../- ऋण के तौर पर अभियुक्त को दिए इत्यादि) और इस तरह अभियुक्त नंबर...प्रार्थी को रुपए....................../- का भुगतान करने का ऋणी हो गया। (यहां आपके प्रति अभियुक्त के दायित्वों/ऋण का विवरण दें)।

5. कि उपर्युक्त रकम अदा करने के लिए अभियुक्त नंबर .... ने .... बैंक के (अभियुक्त के बैंक का नाम जहां से चैक की जारी का भुगतान होना था) चैक संख्या .... दिनांक .... जारी किया/किये।

6. कि प्रार्थी ने दिनांक .... को अपने बैंक .... (अपने बैंक का नाम) में उपर्युक्त चैक/चैकों को भुनाने के लिए पेश किया, पर वह/वे चैक दिनांक .... को .... कारण से (यहां चैक मैमो पर लिखे कारण का उल्लेख करें) अस्वीकार होकर वापस आ गया/गये।

7. कि चैक अस्वीकार होने की सूचना प्राप्त होते ही प्रार्थी ने तुरंत दिनांक .... को अभियुक्त को कानूनी नोटिस देकर उससे निर्धारित राशि का भुगतान करने की मांग की गई थी। कानूनी नोटिस रजिस्टर्ड डाक/कोरियर द्वारा भेजा गया था जिसे दिनांक .... को अभियुक्त ने स्वयं उसे प्राप्त किया था।

8. कि कानूनी नोटिस प्राप्त होने के बावजूद अभियुक्त ने प्रार्थी को न तो निर्धारित राशि का भुगतान किया और न ही .... के दायित्व से मुक्त होने के लिए कोई प्रयास ही किया।

9. चूंकि अभियुक्त चैक की निर्धारित राशि का भुगतान करने में असफल रहा/रहे हैं अतः वह/वे नेगोशिएबल इंस्ट्ररुमेण्ट एक्ट की धारा-138 के तहत अपराध कर चुका/चुके हैं।

10. कि दिल्ली में स्थापित आपके न्यायालय को इस मामले को सुनने की अधिकारिता प्राप्त है, क्योंकि दोनों पक्षों के बीच लेन-देन दिल्ली में हुआ है, क्योंकि अभियुक्त द्वारा दिल्ली में ही चैक जारी किया गया, क्योंकि चैक को भुनाने के लिए दिल्ली स्थित बैंक की शाखा में डाला गया था, क्योंकि अस्वीकार होने के बाद चैक दिल्ली में ही वापस प्राप्त हुए तथा अभियुक्त को कानूनी नोटिस भी दिल्ली में ही भेजा गया तथा अभियुक्त ने दिल्ली में ही उस कानूनी नोटिस को प्राप्त किया।

स्थान :

दिनांक : (प्रार्थी के हस्ताक्षर)

सत्यापन

मैं, ... (शिकायतकर्त्ता का नाम लिखें) प्रार्थी यह सत्यापित करता है कि उपर्युक्त शपथ-पत्र के कॉलम संख्या .... में वर्णित तथ्य मेरी जानकारी के अनुसार सत्य हैं तथा कॉलम संख्या .... में वर्णित तथ्य रिकार्ड के अनुसार सत्य एवं सही हैं तथा इसमें अपनी ओर से न तो कुछ जोड़ा या घटाया गया है और न ही इसका कोई अंश गलत/असत्य है।

स्थान :

दिनांक : (प्रार्थी के हस्ताक्षर)

कृपया ध्यान दें !

प्राथी किसी ऐसे व्यक्ति की उपस्थिति में ही शपथ-पत्र पर हस्ताक्षर या अंगूठा लगाए, जिसे कानून द्वारा शपथ-पत्रों को सत्यापित करने का अधिकार प्रदान किया गया हो। ओथ कमिश्नर या नोटरी पब्लिक्स न्यायालय परिसर में उपस्थित होते हैं। शपथ-पत्र को सत्यापित करने के उपरांत एक निर्देशित रजिस्टर में उसकी एण्ट्री की जाती है तथा उसकी क्रम संख्या का उल्लेख शपथ-पत्र पर किया जाता है। ओथ कमिश्नर शपथ-पत्र को सत्यापित करने के प्रमाण के तौर पर उस पर निर्धारित मूल्य की स्टैम्प टिकट चिपकाता है। प्रत्येक शपथ-पत्र को सत्यापित करने के लिए ओथ कमिश्नर निर्धारित फीस लेता है, जो सत्यापित करवाने वाले व्यक्ति द्वारा नकद अदा की जाती है। भारतीय स्टैम्प अधिनियम (जिसे इण्डियन स्टैम्प एक्ट भी कहा जाता है) के तहत स्टैम्प-फीस शपथ-पत्र के साथ अदा किये जाने वाले स्टैम्प कर से अलग होती है।

●●●

31

मोटरयान अधिनियम (मोटर व्हीकल एक्ट) के तहत अपराध

Offences under Motor Vehicles Act

यातायात - नियमों/कानूनों को तोड़ना

हममें से ज्यादातर लोग हर रोज एक जगह से दूसरी जगह पहुंचने के लिए वाहनों का प्रयोग करते हैं। वाहनों से दूरी तय करना जहां एक ओर सुविधाजनक है, वहीं इसमें समय की बचत भी होती है, पर सड़क पर चलते हुए हमारा सामना यातायात नियमों से होता है, जिनका पालन करना हमारे लिए बेहद जरूरी है। यातायात नियमों का पालन करवाने का काम यातायात पुलिस को दिया गया है। यातायात पुलिस को **ट्रैफिक पुलिस** कहा जाता है, जो शहरों के लगभग हर महत्त्वपूर्ण सड़क पर मौजूद रहती है। यदि कोई चालक यातायात नियमों का उल्लंघन करता है, तो यातायात पुलिस उसका चालान कर देती है। क्योंकि यह संगीन अपराध की श्रेणी में नहीं आता है, इसलिए कानून द्वारा दोषी चालक को राहत दी गई है कि वह मौके पर ट्रैफिक चालान का भुगतान करके मामले को समाप्त कर सकता है। यदि कोई चालक मौके पर ट्रैफिक चालान का भुगतान करने में असमर्थ है, तो वह सम्बन्धित यातायात कार्यालय या ट्रैफिक कोर्ट में जाकर सम्बन्धित अधिकारी को जुर्माने की निर्धारित राशि का भुगतान कर सकता है। इस सम्बन्ध में विस्तारपूर्वक जानकारी प्राप्त करने के लिए दिल्ली पुलिस की वेबसाइट www.delhipolice.nic.in पर क्लिक करके आप और जानकारी हासिल कर सकते हैं।

हाल ही में दिल्ली ट्रैफिक पुलिस विभाग ने चालान के भुगतान की प्रक्रिया को और अधिक सरल बनाने का एक सफल प्रयास किया है। इसके अंतर्गत अब आप उस पोस्टमैन को भी चालान या जुर्माने की राशि का भुगतान कर सकते हैं, जो आपके घर पर नोटिस लेकर आता है। नोटिस में बतायी गई जुर्माने की राशि का भुगतान करने पर पोस्टमैन आपकी हाजिरी में एक मनीआर्डर भरता है। वह नोटिस पर दिखाए गए बारकोड को फाड़कर मनीआर्डर के साथ लगा देता है और इसके बाद वह उसे यातायात विभाग में भेज देता है, ताकि ट्रैफिक पुलिस अपने रिकार्ड में दोषी द्वारा किए गए भुगतान को दर्ज कर ले। जुर्माने की राशि प्राप्त होने के बाद पोस्टमैन आपको एक रसीद भी देता है, जो इस बात का प्रमाण है कि आपने जुर्माना अदा कर दिया है। अपनी सुविधा के लिए हमें यह रसीद संभाल कर रखनी चाहिए ताकि भविष्य में आवश्यकता पड़ने पर उसे दिखाया जा सके।

अगर आप समझते हैं कि चालान गलत किया है, तो क्या करें?

यदि आप चालान की राशि का भुगतान नहीं करते हैं या उसका विरोध करते हैं, तो ऐसी स्थिति में ट्रैफिक पुलिस उस चालान को न्यायालय के सम्मुख पेश करती है। ट्रैफिक कोर्ट यातायात पुलिस या वहां की स्थानीय पुलिस द्वारा तैयार की गई रिपोर्ट के आधार पर ऐसे मामलों की सुनवाई करती है।

ट्रैफिक कोर्ट का पीठासीन अधिकारी एक स्पेशल मजिस्ट्रेट होता है। कई राज्यों में चीफ जुडीशियल मजिस्ट्रेट की अदालत ऐसे मुकदमों की सुनवाई करती है। मोटरयान अधिनियम के तहत दर्शाये गए यातायात नियमों का उल्लंघन करने पर यातायात पुलिस द्वारा काटे गए चालान सम्बन्धित मामलों की सुनवाई करने तथा कानून के अनुसार कार्यवाही करने का कार्य इन्हीं ट्रैफिक कोर्टों द्वारा किया जाता है। राजधानी दिल्ली के अंदर ट्रैफिक कोर्ट क्षेत्रानुसार अलग-अलग स्थानों तथा विभिन्न जिला न्यायालय परिसरों में कार्य कर रही हैं।

यदि आप सुनवाई की तारीख पर स्वयं कोर्ट में पेश नहीं हो सकते हैं, तो आप किसी अन्य व्यक्ति को न्यायालय के सम्मुख पेश होने तथा न्यायालय द्वारा तय की गई जुर्माने की राशि को अदा करने के लिए कह सकते हैं।

यदि आप ट्रैफिक कोर्ट में पेश होकर आपने नाम के चालान को अदालत में चुनौती देना चाहते हैं, तो वह मामला सुनवाई के लिए दण्ड न्यायालय में भेज दिया जाता है। वहां उस मामले में आप स्वयं अपने लिए पैरवी कर सकते हैं अथवा अपने लिए किसी वकील को भी नियुक्त कर सकते हैं। यह पूरी तरह आपकी इच्छा पर निर्भर है।

सबसे पहले आपको अपने लिए जमानत की अर्जी देनी चाहिए। जमानतनामा के फार्म न्यायालय परिसर में विक्रेताओं के पास मौजूद होते हैं। बाण्ड दाखिल करने के लिए आपको किसी वकील की सहायता लेने की आवश्यकता नहीं है। आप उस बाण्ड में दर्शाये गए कॉलमों में वांछित जानकारी भरकर उसे न्यायालय में जमा कर सकते हैं। पर ऐसी स्थिति में अपने साथ किसी जमानती को साथ ले जाना नहीं भूलें। जमानती के पास उसकी पहचान, रहने के स्थान और रोजगार, वेतन, आर्थिक मजबूती दिखाने वाले दस्तावेज जरूर होने चाहिए- जैसे फोटोग्राफ, मतदाता पहचान-पत्र, राशनकार्ड, कार्यालय का पहचान-पत्र, ड्राइविंग लाइसेंस, पैन कार्ड, वेतन की रसीद, रोजगारदाता द्वारा दिया गया प्रमाण-पत्र इत्यादि होने चाहिए।

इसके अतिरिक्त जमानती अपनी आर्थिक स्थिति को साबित करने के लिए अपने नाम से खरीदे गए किसान विकास-पत्र, बैंक में कम या अधिक समय के लिए जमा धन की रसीद, जीवन बीमा पॉलिसी के कागजात इत्यादि भी न्यायालय में पेश कर सकता है। जमानत के फार्म-पत्र न्यायालय परिसर में विक्रेताओं के पास उपलब्ध होते हैं। पर याद रहे कि ऐसे मामलों में किसी दलाल या अनजान व्यक्ति के संपर्क में आने से बचें।

•••

32

क्या करें जब आपसे मोटर कार चलाते वक्त कोई दुर्घटना हो जाए ?

What to do, when a motor car accident takes place at your hands?

अकसर देखा गया है कि सड़क पर दुर्घटना होने के बाद मुलजिम चालक मौके से भागने का प्रयास करता है। कई बार वह अपने इस प्रयास में सफल भी हो जाता है, पर ध्यान रखें कि दुर्घटनास्थल से फरार होने के बाद बहुत से दूसरे आरोप उसके साथ जुड़ जाते हैं, जो उसके केस को कमजोर बना सकते हैं। सड़क दुर्घटना के मामलों में मुलजिम के विरुद्ध भारतीय दण्ड-संहिता की धारा-279, 337, 338 या 304ए के तहत मामला दर्ज किया जा सकता है। यह अपराध जमानती है और इनमें मुलजिम की जमानत हो सकती है।

जैसाकि ऊपर कहा गया है, जमानती अपराध के मामले में मुलजिम को जमानत लेने का अधिकार होता है। पुलिस को ऐसे अपराध में दोषी व्यक्ति को अपनी हिरासत या कारागृह में रखे बिना, निर्धारित कार्यवाही के बाद तुरंत जमानत पर छोड़ना चाहिए। ऐसे मामलों में दोषी को अपनी जमानत के लिए किसी जमानती का इंतजाम अवश्य करना पड़ेगा, जो इस बात का आश्वासन देगा कि जब भी पुलिस या न्यायालय दोषी को समन या नोटिस देकर बुलाए, वह उसे हर हाल में उपस्थित करेगा।

यदि दुर्घटनास्थल पर एकत्रित लोगों द्वारा आपको पीटा जाता है या ऐसी कोई दूसरी घटना घटती है या आपको इसकी आशंका है, तो आप

पुलिस के आने का इंतजार किए बिना स्वयं पुलिस-स्टेशन जाकर आत्मसमर्पण कर सकते हैं। पुलिस स्टेशन पहुंचकर आपको वहां उपस्थित पुलिस अधिकारियों को घटना की पूरी जानकारी देनी चाहिए। यदि पुलिस किसी कारणवश आपका आत्मसमर्पण स्वीकार नहीं करती है, तो ऐसी परिस्थिति में आप किसी सीनियर पुलिस अधिकारी या दण्डाधिकारी के सामने जाकर आत्मसर्पण करते हुए उस घटना की वास्तविक जानकारी दे सकते हैं।

आमतौर पर लोग यही सोचते हैं कि दुर्घटना के बाद यदि गाड़ीचालक दुर्घटनास्थल पर मौजूद रहता है, तो वहां एकत्रित भीड़ और पीड़ित के परिवारजन व रिश्तेदार उसकी खूब पिटाई करेंगे। चाहे दुर्घटनास्थल पर गाड़ी चालक की पिटाई की आशंका हमेशा बनी रहती है, परन्तु कानून की दृष्टि से बात करें, तो चालक को दुर्घटनास्थल से कभी नहीं भागना चाहिए। दुर्घटना स्थल से भागने की बजाय उसकी जिम्मेदारी बनती है कि वह घायल व्यक्ति को वहां से उठाए और नजदीक के किसी अस्पताल में ले जाकर उसका उपचार करवाए तथा साथ ही उसके परिवार के लोगों को दुर्घटना की सूचना दे। ऐसा करने पर दोषी व्यक्ति निश्चित तौर पर घायल और उसके रिश्तेदारों की नजरों में अच्छा इनसान साबित होगा तथा साथ ही मामले का फैसला सुनाते समय न्यायाधीश भी उसके इस कार्य की सराहना करते हुए उसे इसका लाभ देगा।

यदि दुर्घटना में आपकी कोई गलती नहीं है और आप पूरी सावधानी के साथ अपनी गाड़ी चला रहे थे और घायल की ही गलती से दुर्घटना हुई, तो ऐसी स्थिति में भी यदि आप दुर्घटनास्थल से भागने का फैसला करते हैं, तो ऐसा करने से पूरा मामला आपके विरुद्ध जा सकता है। आप उन सबूतों और विशेषकर गवाहों को नहीं जान सकेंगे, जो आपके पक्ष में गवाही दे सकते हैं।

जब ऐसे अपराधों में जमानत हो सकती है और आप बिना किसी कठिनाई के तुरंत पुलिस हिरासत से बाहर आ सकते हैं, तो दुर्घटना होने पर परेशान होने की कोई आवश्यकता नहीं है।

•••

33

नगरनिगम अधिनियम या नगरपरिषद अधिनियम के तहत अपराध

Offences under Delhi Municipal Corporation Act and N.D.M.C. Act

नगर के अंदर साफ-सफाई, गंदगी हटाने और जन-स्वास्थ्य जैसे कार्यों की देखभाल के लिए विशेष दण्डाधिकारी के न्यायालयों की स्थापना की गई है। उदाहरणतया यदि आपके विरुद्ध ऐसे किसी अपराध में दिल्ली नगरनिगम अधिनियम या दिल्ली नगरपरिषद अधिनियम जैसे कानून के तहत चालान किया गया है और आप समझते हैं कि मुकदमा गलत बनाया गया है और उसे चुनौती देना चाहते हैं, तो आपका मुकदमा महानगर दण्डाधिकारी के न्यायालय में भेज दिया जाता है। आप स्वयं भी न्यायालय में उस चालान को चुनौती दे सकते हैं। इसके अतिरिक्त यदि आप किसी वकील के माध्यम से चालान का विरोध करना चाहते हैं, तो कानून आपको इसकी अनुमति भी देता है।

क्या करें जब आपका पड़ोसी अनधिकृत निर्माण करता है या किसी सम्पत्ति का दुरुपयोग करता है या पानी की मुख्य पाइप लाइन में रुकावट डालता है ?

सम्पत्ति का गैर-कानूनी तौर पर निर्माण या सम्पत्ति के दुरुपयोग के मामले के भी मुकदमे न्यायालय में सुनवाई के लिए पेश किए जा सकते हैं। यदि कोई व्यक्ति किसी रिहायशी सम्पत्ति का उपयोग कारोबार के

उद्देश्य के लिए करता है, तो कानून के मुताबिक यह सम्पत्ति का दुरुपयोग करना है। दिल्ली में यदि आप पड़ोसी द्वारा रिहायशी सम्पत्ति के कारोबार के लिए प्रयोग से किसी परेशानी का सामना करते हैं, तो आप उसकी सूचना दिल्ली नगरनिगम के उपायुक्त या नई दिल्ली नगरपरिषद के सम्बन्धित अधिकारी या प्राधिकारण को दे सकते हैं। यदि कोई व्यक्ति दिल्ली नगरनिगम अधिनियम या नई दिल्ली नगरपरिषद अधिनियम के अन्तर्गत दिये नियमों का उल्लंघन करता है, तो उस अपराध की शिकायत दिल्ली नगरनिगम उपायुक्त के हस्ताक्षर के साथ अथवा नई दिल्ली नगरपरिषद के सम्बन्धित अधिकारी के हस्ताक्षर के साथ निगम के वकीलों द्वारा विशेष दण्डाधिकारी के न्यायालय में सीधे ही दर्ज की जा सकती है।

इस तरह की शिकायत 6 महीने के अन्दर ही दर्ज होती है। यह समयावधि अपराध होने के दिन या उसकी सूचना दिल्ली नगरनिगम के उपायुक्त या नई दिल्ली नगरपरिषद के सम्बन्धित अधिकारी/प्राधिकारण को मिलने के समय से शुरू हो जाती है। (दिल्ली नगरनिगम अधिनियम की धारा 471)

यहां यह जानना भी बेहद जरूरी है कि डीएमसी एक्ट यानि दिल्ली नगरनिगम अधिनियम की धारा-467 (ए) तथा (बी) के अंतर्गत वर्णित अपराधों के लिए मुलजिम के खिलाफ मुकदमे की कार्यवाही उपायुक्त (डिप्टी कमिश्नर) दर्जे के अधिकारी या उससे ऊपर के दर्जे के अधिकारी द्वारा दर्ज की गई शिकायत अथवा उसके द्वारा दी गई जानकारी के आधार पर ही शुरू की जा सकती है। दूसरे आपराधिक मामलों में आयुक्त (कमिश्नर), महाप्रबंधक (इलैक्ट्रिसिटी) या इनके द्वारा जारी किसी सामान्य या विशेष आदेश के तहत अधिकृत किए गए किसी अन्य अफसर की शिकायत या उससे प्राप्त जानकारी के आधार पर ही न्यायालय मुकदमे की कार्यवाही करता है। इसलिए यदि आपको ऐसे किसी अपराध के होने की जानकारी है, तो तुरंत उसकी सूचना सम्बन्धित अधिकारी को दें ताकि वह कानून के मुताबिक न्यायालय में उसकी शिकायत दर्ज करवा सके।

आप अवैध निर्माण, सरकारी भूमि पर अवैध कब्जा या सम्पत्ति के दुरुपयोग की बाबत दिल्ली नगरनिगम के केन्द्रीय कण्ट्रोल रूम पर फोन नम्बर 1266 पर भी सूचना दे सकते हैं।

अदालत द्वारा नियुक्त कोर्ट कमिश्नर को भी सूचना दी जा सकती है।

यदि आप गैर-कानूनी निर्माण करने या सम्पत्ति का दुरुपयोग करने के मामले में अभियुक्त हैं

यदि आप ऐसे किसी भी अपराध में मुलजिम हैं और आपको न्यायालय द्वारा भेजा गया समन मिल चुका है, तो उसमें लिखी सुनवाई की तारीख पर न्यायालय में अवश्य पेश हों। पेश होने के बाद सबसे पहले अपने लिए जमानत की अर्जी दाखिल करें। इसके लिए जरूरी है कि आप किसी ऐसे व्यक्ति को अपने साथ लेकर जाएं, जो आपकी जमानत दे सके। जमानतनामा न्यायालय परिसर में विक्रेताओं के पास उपलब्ध होता है। उसे भरकर न्यायाधीश के सम्मुख पेश करें। जमानतनामा आपके द्वारा न्यायालय को दिया गया आश्वासन है कि आप सुनवाई की प्रत्येक तारीख पर न्यायालय में व्यक्तिगत तौर पर उपस्थित होंगे। अदालत में आपको शिकायत व उसके साथ लगाए सभी दस्तावेजों की कापियां प्राप्त करने का पूरा अधिकार है। यदि आप किसी कापी में कोई कमी पाते हैं, तो बिना देर किए तुरंत उसकी नई कापी की मांग करें। सभी दस्तावेज उपलब्ध करवाने के बाद आपके विरुद्ध लगाए गए आरोपों की जांच की जाती है। यदि आप अपनी गलती या अपराध स्वीकार कर लेते हैं, तो न्यायालय कानून के मुताबिक फैसला सुनाकर उस मामले को समाप्त कर देता है।

यदि आप अपने विरुद्ध लगाए गए आरोपों को न्यायालय में चुनौती देना चाहते हैं, तो न्याय-प्रणाली के अनुसार सबसे पहले शिकायतकर्ता की गवाही दर्ज की जाती है, शिकायतकर्त्ता की गवाही पूरी होने के बाद उससे अपराध को साबित करने वाली जो भी बातें सामने आती हैं, उन्हें आपके सामने पढ़ा जाता है तथा आपको विस्तारपूर्वक उनकी जानकारी दी जाती है ताकि आप उस पर अपना जवाब दे सकें।

इसके बाद आपको अपने गवाह पेश करने का मौका दिया जाता है ताकि आप स्वयं को निर्दोष साबित कर सकें। इसके बाद मामला बहस के लिए लगाया जाता है। बहस होने के बाद उसे विचार तथा अंतिम फैसले के लिए सुरक्षित रख लिया जाता है। अंत में पूरे तथ्यों पर विचार करने के बाद न्यायाधीश अपना फैसला सुना देता है।

●●●

34

खाद्य पदार्थ या भोजन में मिलावट रोकने सम्बन्धी अधिनियम, 2006

Food Safety & Standards Act, 2006

शुद्ध, ताजा और स्वास्थ्य के अनुकूल भोजन हर व्यक्ति के जीवन की मूलभूत आवश्यकता है। खाने-पीने की कोई वस्तु बनाने वाला निर्माता, कम्पनी, वितरक या डीलर तब तक अपनी वस्तु ग्राहक को नहीं बेच सकता, जब तक कि उस पर उसके तत्त्वों, प्रकृति और गुणवत्ता की वारण्टी का उल्लेख नहीं हो। प्राय: यह भी देखा गया है कि आप खाने-पीने की कोई ऐसी वस्तु खरीद लेते हैं, जो आपकी अपेक्षा के अनुसार गुणवत्ता, स्वरूप या सामग्री मिश्रण वाली नहीं होती है तथा उसके निर्माण में कानूनी मापदण्डों का ध्यान नहीं रखा गया है। संक्षेप में कहें, तो यह भोजन में अर्थात् खाने-पीने की चीजों में मिलावट का मामला है। अंग्रेजी भाषा में इसे फूड एडलट्रेशन कहा जाता है। इसके अलावा ऐसे भी मामले होते हैं, जिनमें खाद्य पदार्थ गंदा, बदबूदार, सड़ा हुआ, बीमार पशुओं या खराब सब्जियों के अंशों से बना हुआ, रोग से ग्रसित या खराब होने की स्थिति में होता है। ऐसा कोई भी खाद्य पदार्थ जो किसी भी तरीके से आपके स्वास्थ्य के लिए हानिकार हो, वह फूड एडलट्रेशन की श्रेणी में आता है तथा ऐसे किसी भी खाद्य पदार्थ को बेचना या बेचने में भागीदार बनना कानूनन दण्डनीय अपराध है।

समान रूप से, जब किसी खाने-पीने की वस्तु को तैयार किया जाता है या उसे पैक किया जाता है या किसी असुरक्षित जगह पर

उसको स्टोर किया जाता है, तो ऐसे में उसके खराब होने की जिम्मेदारी भी निर्माता और वितरक की होती है। बाजार में विक्रेता के पास जाने के बाद ऐसी कोई भी सामग्री मिलावट वाली ही मानी जाएगी। खाद्य पदार्थों की मिलावट पर निगरानी रखने तथा दोषी को सजा देने के उद्देश्य से इस कानून का निर्माण किया गया है। इसके अलावा कोई खाद्य वस्तु कब खराब मानी जाती है, इसकी परिभाषा और विस्तारपूर्वक विवरण भी इस नये कानून में किया गया है।

नमूने की जांच

इस बात की पुष्टि करने के लिए कि खाने की वस्तु खराब या मिलावटी है, फूड सेफटी एंड स्टैडर्डस एक्ट 2006 के तहत उसके नमूने की जांच की बात कही गई है। मिलावट वाली खाद्य सामग्री का कुछ भाग नमूने अर्थात् सैम्पल के तौर पर जांचकर्त्ता अधिकारी के पास भेजा जाता है।

खाद्य सामग्री का सैम्पल इकट्ठा करने का अधिकार किसको है ?

उपर्युक्त अधिनियम के अंतर्गत इस बात का स्पष्ट उल्लेख किया गया है कि फूड सेफटी अफसर किसी भी विक्रेता से उसके द्वारा बेची जा रही खाद्य सामग्री का सैम्पल ले सकता है। इसके अतिरिक्त वह उस सामग्री का सैम्पल वितरक या दुकानदार से भी ले सकता है। यदि कोई खराब या मिलावट वाली वस्तु बेची जा चुकी है, तो अधिनियम के तहत उसे अधिकार प्राप्त है कि वह उस वस्तु का सैम्पल ग्राहक से भी ले सकता है। हां, इसके लिए कानून में दिये तरीके का पालन करना उस अधिकारी के लिए जरूरी होता है।

फूड सेफटी अफसर के अतिरिक्त किसी भी ऐसी या खराब खाद्य सामग्री को खरीदने वाला व्यक्ति भी उसे जांच के लिए लैबोरेट्री में विशेषज्ञ के पास भेज सकता है। इसलिए जब भी आपको लगे कि आपके द्वारा बाजार से खरीदी गई खाने की वस्तु खराब, मिलावटी या अपमिश्रित है, तो आप उसे खरीदते समय ही दुकानदार को बताएं कि

जो सामान आपने खरीदा, वह खराब है और आप उसे जांच के लिए भेजना चाहते हैं। जनविश्लेषक या विशेषज्ञ से किसी खाद्य पदार्थ की जांच करवाने का तरीका सभी के लिए एक समान है।

सैम्पल कैसे इकट्ठा किया जाता है ?

अधिनियम के तहत कुछ खास मामलों को सभी मामलों में किसी भी खाद्य सामग्री के सैम्पल को इकट्ठा करने के बाद तीन भागों में बांट दिया जाता है।

सैम्पल को तीन भागों में क्यों बांटा जाता है?

सैम्पल के तौर पर इकट्ठा की गई खाद्य सामग्री के एक भाग को जांच-विशेषज्ञ या जनविश्लेषक के पास जांच के लिए भेजा जाता है तथा इसकी सूचना स्थानीय (स्वास्थ्य) अधिकारी/अथॉरिटी डैसिगनेटिड अथॉरिटी को दी जाती है।

अगर नमूना टैस्ट करने पर यह साबित हो जाता है कि खाद्य सामग्री खराब या मिलावटी थी तो आपको आपके द्वारा जमा कराई फीस वापस दे दी जाएगी।

सैम्पल के अन्य दो भाग डैसिगनेटिड अथॉरिटी को भेजे जाते हैं। चौथे भाग को आवश्यकता पड़ने पर उसे चैक करने के लिए accredited लैबोरेट्री में भेजा जा सकता है।

जांच-विशेषज्ञ/जनविश्लेषक द्वारा रिपोर्ट भेजने के बाद क्या कदम उठाने चाहिए ?

खाद्य वस्तु की जांच करने वाला विशेषज्ञ अपनी रिपोर्ट निर्धारित अफसर को 5 दिन में भेजता है। रिपोर्ट मिलने के बाद Designated अफसर उस रिपोर्ट के परिणामों की कापी (1) उस व्यक्ति को भेजता है, जिससे सैम्पल लिया गया था, (2) जिससे ग्राहक ने वह वस्तु खरीदी थी।

रिपोर्ट मिलने के बाद मुकदमे की बाबत समस्त कार्यवाही कमिश्नर फूड सेफटी से प्राप्त रिपोर्ट के आधार पर ही होती है।

किस न्यायालय में शिकायत दर्ज की जा सकती है ?

इस अधिनियम के तहत मैट्रोपोलिटन मजिस्ट्रेट या ज्यूडिशियल मेजिस्ट्रेट या विशेष न्यायालयों को ऐसे मामलों की सुनवाई का क्षेत्राधिकार है।

शिकायत कौन दर्ज करवा सकता है ?

इस अधिनियम के तहत घोषित अपराध के लिए फूड सेफटी अफसर शिकायत दर्ज करवा सकता है। जिन अपराधों के लिए 3 साल तक की सजा का प्रावधान है, उनकी शिकायत साधारण अदालतों में की जाती है।

इससे अधिक सजा के प्रावधान वाले अपराधों की सुनवाई विशेष न्यायालयों में की जाती है।

●●●

35

पूर्वानुमान तथा जन्म-पूर्व जांच तकनीक (लिंग जांच रोकथाम) अधिनियम 1994 के अंतर्गत अपराध

Pre-concefition & Pre-natal Diagnostic Techniques (Prohibition of Sex Selection) Act, 1994

यह कानून जन्म से पहले गर्भ में स्थित संतान की जांच पर रोकथाम लगाता है। आज चिकित्सा-क्षेत्र में प्रयोग किए जाने वाले आधुनिक उपकरणों की मदद से जांच करके पता लगाया जा सकता है कि आने वाली संतान लड़का है या लड़की। इसके बाद यदि कोई व्यक्ति या महिला इस विचार के साथ गर्भपात करवाती है कि गर्भ में पल रही संतान उसकी इच्छा के मुताबिक नहीं है, तो यह एक घोर अपराध है। इसके लिए कानून के तहत सजा तय की गई है।

इस तरह और इस इरादे से गर्भपात करवाना संगीन अपराध की श्रेणी में आता है तथा गैर-जमानती होने के साथ-साथ इसमें समझौते की कोई संभावना भी नहीं है यानि ऐसा करने पर आपको कानून के मुताबिक सजा अवश्य मिलेगी।

शिकायत कौन दर्ज कर सकता है ?

यदि आपको ऐसा कोई अपराध होने की खबर मिलती है, तो आप तुरंत केन्द्र सरकार या राज्य सरकार के अधिकारी या कार्यालय को उसकी

जानकारी दें। वह कार्यालय या अधिकारी सूचना मिलते ही न्यायालय में उस अपराध की शिकायत दाखिल करेगा। इस सम्बन्ध में ध्यान देने योग्य है कि सम्बन्धित कार्यालय या अधिकारी को अपराध होने की सूचना बताने के पश्चात् 50 दिनों का इंतजार करें। यदि वह प्राधिकरण या अधिकारी आपकी सूचना पर तब भी कोई कार्यवाही नहीं करता है या न्यायालय में शिकायत दर्ज नहीं करता है, तो आप स्वयं भी न्यायालय में शिकायत दाखिल कर सकते हैं। यहां तक कि ऐसे अपराधों में कोई सामाजिक संगठन, गैर राजपत्रित संगठन (एन.जी.ओ.) भी उचित माध्यम से नोटिस देने के बाद न्यायालय में शिकायत दर्ज करवा सकता है।

शिकायत कहां दर्ज करवाएं ?

मैट्रोपोलिटन मजिस्ट्रेट तथा प्रथम श्रेणी ज्यूडिशियल मजिस्ट्रेट को ऐसे किसी भी अपराध पर कार्यवाही करने का अधिकार प्राप्त है। परन्तु सबसे पहले ऐसी कोई भी शिकायत फाइलिंग सैक्शन या मुख्य ज्यूडिशिल मजिस्ट्रेट के न्यायालय में पेश की जाती है। फाइलिंग सैक्शन से आपकी शिकायत मुख्य महानगर दण्डाधिकारी या अतिरिक्त मुख्य महानगर दण्डाधिकारी या मुख्य ज्यूडिशियल मजिस्ट्रेट के न्यायालय में भेज दी जाती है, जो उस मामले को सुनवाई के लिए या तो अपने न्यायालय में रख लेता है अथवा कानून के अनुसार कार्यवाही करने के लिए उसे किसी अन्य मजिस्ट्रेट के न्यायालय में भेज देता है। इसके बाद न्यायालय आपको अपनी शिकायत के सम्बन्ध में किस तारीख को कितने बजे और कहां पेश होना है, इसकी समुचित जानकारी भेजता है।

●●●

36

मुफ्त कानूनी सहायता-दिल्ली में

Free legal aid

यह राज्य का कर्त्तव्य है कि वह प्रत्येक गरीब, असहाय तथा जरूरतमंद व्यक्ति को मुफ्त कानूनी सहायता उपलब्ध करवाए। साथ ही यह आपका मौलिक अधिकार भी है कि आपराधिक मामलों में अपने बचाव अथवा किसी अन्य के विरुद्ध मुकदमा चलाने के लिए आप राज्य से मुफ्त कानूनी सहायता की मांग कर सकते हैं। इस सम्बन्ध में विधिक सेवा प्राधिकरण अधिनियम-1987 (लीगल सर्विस अॅथारिटीज एक्ट-1987) की धारा-29 ए के अंतर्गत कुछ निश्चित नियम व उपनियमों का उल्लेख भी किया गया है।

मुफ्त कानूनी सहायता प्राप्त करने के बाद आप न्यायालय में मुकदमा दाखिल कर सकते हैं या आपके विरुद्ध कोई मुकदमा दाखिल किया गया है, तो उसमें अपना बचाव कर सकते हैं। स्पष्ट है कि विधि द्वारा वादी और प्रतिवादी दोनों को मुफ्त कानूनी सहायता उपलब्ध करवाने का प्रावधान किया गया है। यदि आप निम्नलिखित में से कोई भी हैं, तो आप मुफ्त कानूनी सहायता प्राप्त करने के अधिकारी हो सकते हैं–

क. अनुसूचित जाति या अनुसूचित जनजाति के सदस्य।

ख. संविधान के अनुच्छेद-23 के उल्लेखानुसार अवैध मानव व्यापार का शिकार व्यक्ति या भिखारी।

ग. कोई महिला या बच्चा।

घ. विकलांगता अधिनियम (समान अवसर, अधिकारों की रक्षा तथा पूर्ण भागीदारी अधिनियम-1995) धारा-2 की क्लॉज-1 की परिभाषा के अनुसार कोई भी अपाहिज व्यक्ति।

च. ऐसा व्यक्ति जो किसी बड़ी विपत्ति का शिकार हुआ हो, जैसे- जन-उपद्रव, जातीय हिंसा, नृशंसता, बाढ़, सूखा, भूकंप या औद्योगिक विपत्ति।

छ. औद्योगिक कामगार।

ज. जेल में बंद व्यक्ति तथा साथ ही वह व्यक्ति जो अनैतिक व्यापार (निवारण) अधिनियम-1956 की धारा-2 की उपधारा (जी) के आशय में संरक्षण गृह में बंदी है या किशोर न्याय (बच्चों की देखभाल और अभिरक्षा) अधिनियम-2000 की धारा-2 की उपधारा (ई), (ओ), (यू) तथा (वी) के आशय में बालगृहों, प्रेक्षणगृहों, शरणगृहों और विशेषगृहों में रखे गए हैं।

ड. Transgender जिसकी सालाना आय 2,00,000/- रुपये से कम है।

ट. वरिष्ठ नागरिक जिसकी सालाना आय 2,00,000/- रुपये से कम है।

झ. हर वह व्यक्ति जिसकी सालाना आय रुपए 1,00,000/- से कम है।

विधिक सेवा प्राधिकरण या समिति मुफ्त कानूनी सहायता निम्नलिखित मामलों में प्रदान कर सकती है

क. लोक महत्त्व के किसी बड़े मामले में।

ख. किसी ऐसे मामले में जहां उस मुकदमें का फैसला समाज के कई पिछड़े वर्गों से सम्बन्धित व्यक्तियों के मुकदमों को प्रभावित कर सकता है।

ग. किसी भी ऐसे मामले में जिसे किन्ही कारणों से लिखित रूप में दर्ज किया जाना है तथा कार्यवाहक अध्यक्ष या अध्यक्ष के मतानुसार उसमें मुफ्त कानूनी सहायता दी जानी चाहिए और जहां साधन जांच संतोषजनक नहीं है।

किन मामलों में मुफ्त कानूनी सहायता प्रदान नहीं की जा सकती है ?

क. कोई भी मुकदमा जो पूर्ण या आंशिक रूप से हो –

1. मानहानि या
2. विद्वेषपूर्ण मुकदमा या
3. न्यायालय की अवमानना करने वाले अभियुक्त को।

ख. चुनावों से सम्बन्धित किसी भी मुकदमे में।

ग. उपर्युक्त कॉलमों में वर्णित किसी भी मुकदमे से सम्बन्धित कोई अन्य मुकदमा।

घ. कोई भी ऐसा मुकदमा जिसमें अभियुक्त पर लगाया जाने वाला जुर्माना रुपए 50/- से अधिक नहीं हो।

च. आर्थिक अपराधों के मुकदमे या सामाजिक नियमों के विरुद्ध किए गए अपराधों उदाहरण के तौर पर नागरिक अधिकार अधिनियम का संरक्षण (प्रोटैक्शन ऑफ सिविल राइट्स एक्ट–1955) और अनैतिक व्यापार (रोकथाम) अधिनियम–1956 के अंतर्गत दाखिल किए जाने वाले मुकदमे।

ध्यान देने योग्य है कि उपर्युक्त मामलों में यदि विधिक सहायता प्राधिकरण का पीठासीन अध्यक्ष चाहे, तो वह मुफ्त कानूनी सहायता प्रदान कर सकता है। ऐसे मामलों में विधिक सहायता प्रदान करने या नहीं करने का निर्णय पूरी तरह उसके विवेक पर निर्भर करता है।

छ. जहां कोई व्यक्ति निम्नलिखित मामलों में कानूनी सहायता प्राप्त कर रहा हो –

1. कार्यालय क्षमता के अंतर्गत विचाराधीन मुकदमों में।
2. मुकदमे से जुड़ा कोई ऐसा पक्ष जिसकी भूमिका उस मुकदमे में अधिक महत्त्वपूर्ण नहीं है तथा मुकदमे के परिणाम से उसका कोई गहरा सम्बन्ध नहीं है।

दिल्ली में मुफ्त कानूनी सहायता कैसे प्राप्त करें?

यदि कोई व्यक्ति मुफ्त कानूनी सहायता या सलाह प्राप्त करना चाहता है, तो उसे प्राधिकरण/समिति के सदस्य सचिव या सचिव के नाम एक प्रार्थना-पत्र/आवेदन देना होता है।

1. **सचिव**
   केन्द्रीय जिला विधिक सेवा प्राधिकरण,
   कमरा नंबर 287, तीस हजारी न्यायालय परिसर,
   दिल्ली-110054, दूरभाष : 23933231

2. **सचिव**
   उत्तरी जिला विधिक सेवा प्राधिकरण,
   कमरा नंबर 310, रोहिणी, न्यायालय परिसर,
   दिल्ली, दूरभाष : 27554446

3. **सचिव**
   उत्तरी-पश्चिमी जिला विधिक सेवा प्राधिकरण,
   कमरा नंबर 306, रोहिणी न्यायालय परिसर,
   रोहिणी, दिल्ली

4. **सचिव**
   पूर्वी जिला दिल्ली विधिक सेवा प्राधिकरण,
   कमरा नंबर 35, ग्राउंड फलोर, कड़कड़डूमा न्यायालय परिसर,
   कड़कड़डूमा दिल्ली
   दूरभाषः 22101336

5. **सचिव**
   पश्चिमी जिला विधिक सेवा प्राधिकरण,
   कमरा नंबर 287, तीस हजारी न्यायालय परिसर,
   दिल्ली

6. **सचिव**

दक्षिण दिल्ली जिला विधिक सेवा प्राधिकरण,
कमरा नंबर 608, साकेत न्यायालय परिसर,
साकेत, दिल्ली

7. **सचिव**

दक्षिण-पूर्व जिला विधिक सेवा प्राधिकरण,
कमरा नंबर 609, साकेत न्यायालय परिसर,
नई दिल्ली

8. **सचिव**

दक्षिण-पश्चिम जिला विधिक सेवा प्राधिकरण,
Administration ब्लाक, द्वारका न्यायालय परिसर,
नई दिल्ली

9. **सचिव**

शाहदरा जिला विधिक सेवा प्राधिकरण,
कड़कड़डूमा न्यायालय परिसर,
दिल्ली
दूरभाष : 23644147

10. **सचिव**

उत्तरी-पूर्वी जिला विधिक सेवा प्राधिकरण,
कमरा नंबर 36, ग्राउंड फलौर, कड़कड़डूमा न्यायालय परिसर,
दिल्ली
दूरभाष : 23644147

11. सचिव

नई दिल्ली विधिक सेवा प्राधिकरण,
पटियाला हाउस, न्यायालय परिसर, नई दिल्ली

12. सचिव सदस्य

दिल्ली विधिक सेवा प्राधिकरण,
केन्द्रीय दफतर, पटियाला हाऊस, न्यायालय परिसर,
नई दिल्ली,
दूरभाष : 23384781

किसी अनपढ़ या अज्ञान व्यक्ति को मुफ्त कानूनी सहायता प्राप्त करने के लिए क्या करना चाहिए ?

यदि कोई व्यक्ति लिखना-पढ़ना नहीं जानता है या आवेदन-पत्र में दर्शाये गए कॉलमों को भरने में असमर्थ है, तो विधिक सहायता प्राधिकरण का सचिव या समिति का कोई अन्य पदाधिकारी या कोई अधिवक्ता, जिसका नाम प्राधिकरण या समिति के पैनल पर हो, आवेदक से सभी जरूरी सूचना और जानकारियां लेकर मुफ्त कानूनी सहायता हेतु आवेदन कर सकता है।

ऐसे किसी भी आवेदन के साथ एक शपथ-पत्र भी दाखिल किया जाता है। शपथ-पत्र तैयार करते समय आवेदक को मामले की संक्षिप्त जानकारी तथा तथ्यों का उल्लेख शपथ-पत्र में करना चाहिए। साथ ही यदि आवेदन करने वाला व्यक्ति विधिक सेवा प्राधिकरण अधिनियम-1987 के अनुच्छेद-12 (एच) के द्वारा अनुबंधित है तथा उस धारा के किसी भी अनुच्छेद के अंतर्गत मुफ्त कानूनी सहायता का अधिकारी नहीं है, तो ऐसी स्थिति में उसे शपथ-पत्र में अपनी सम्पत्ति तथा सभी स्रोतों से अपनी आय का उल्लेख करना चाहिए।

जरूरतमंद लोगों को सहायता, परामर्श तथा सहयोग प्रदान करने के लिए दिल्ली के अंदर स्थित बहुत से केन्द्र में से निम्न सामाजिक सुविधा केन्द्र भी हैं:

1. सी.ए.एस.पी. प्रोजेक्ट, हाऊस नम्बर-1377, जी-ब्लाक, नजदीक वीर बाजार, नीम चौक, संगम विहार, नई दिल्ली-62
2. ममता हैल्थ इंस्टीटयूट फॉर मदर एण्ड चाइल्ड, 265/16, काल फार्म, जे. जे. कैम्प, तिगड़ी, नई दिल्ली-62
3. नेचुरअल कैयर, ई-12, ए 1, हौजरानी, खिड़की एक्सटेंसन, मालवीय नगर, नई दिल्ली-14
4. सोसायटी फॉर प्रमोशन ऑफ यूथ एण्ड मासज, एक्सटेंसन, एफ-192, अर्जुन नगर, सफदजंग इंक्लेव, नई दिल्ली
5. AIDENT सोसअल वैलफेयर आर्गेनाईजेशन, सी-251, न्यू अशोक नगर, नजदीक राजधानी मेडिकल सेंटर, दिल्ली-110096
6. आशा दीप फाउंडेशन, ब्लाक-18, 385, कल्याण पुरी, दिल्ली
7. केरिंग फाउंडेशन, मुल्ला कालोनी, सी-465, गली नं. 23, रोड नं. 3, मुल्ला कालोनी, घिरोली एक्सटेंशन, नई दिल्ली
8. चेतनालाया, 389/36, हिम्मतपुरी, दिल्ली
9. सादिक मसीह मेडिकल सोसल सर्विस सर्वेन्ट सोयटी, ब्लाक नं. 15-16, बस्ती विकास केन्द्र, त्रिलोकपुरी, दिल्ली-91
10. सुंदर अमरीशील चैरिटेबल ट्रस्ट, 66-ए, गली नं. 3, पंडित पार्क, किष्णा नगर, दिल्ली, (नजदीक गीता कालोनी पुलिस स्टेशन)
11. दीपालया, WZ-243/बी, द्वितय मंजिल, 80 गज, हरिजन कालोनी, तिलक विहार, दिल्ली-110018
12. दीया फाउंडेशन, सी-113, 40 फुटा रोड, राजधानी पार्क, नागलोई, नई दिल्ली-41
13. दृष्टिकोण, बी-763, 764, 765, उत्तम नगर, शिव विहार, नई दिल्ली-110059
14. इंडियन एडल्ट एजुकेशन एसोसिएशन, 5/35, बस्ती विकास केन्द्र, कीर्ति नगर, दिल्ली-110015
15. कलावती एजुकेशन एण्ड वेलफेयर सोसायटी, जी-99, लक्ष्मी पार्क, जी.आर.एम. पब्लिक स्कूल, नागलोई, दिल्ली-41

16. मानवाधिकार सामाजिक मंच, ए-93/94 ज्वालापुरी कैम्प नं. 4, नजदीक एस.बी.आई. बैंक, पश्चिम विहार, दिल्ली-110087
17. निदान, ई-49, झंडा चौक, 40 फुटा रोड, ओम विहार, फेस 5, उत्तम नगर, नई दिल्ली-59
18. साहसी, 2151/11, नजदीक मैट्रो हार्ट हास्पिटल, न्यू पटेल नगर, नई दिल्ली-110008
19. स्त्री शक्ति, खसरा नं. 76, नागलोई, नजफगढ़ रोड, रनहोला गांव, नई दिल्ली-110041
20. स्वामी शिवानन्द मैमोरिअल इंस्टीट्यूट, एक्सटेंशन सेंटर, हाऊस नं. सी-60, पराइवेट टैन्ट, पंजाबी रिलीफ कैम्प, पीरागढ़ी, नई दिल्ली-56
21. अराधया (बादली), ई-263, यादव नगर, समयपुर बद्दी, दिल्ली
22. बेसीक फाउंडेशन स्टैण्ड एलोन, 22/5, ग्राउंड फलौर, इंदिरा विकास कालोनी, दिल्ली-110009
23. चाइल्ड सरवाईवल इंडिया, कम्युनिटी सेंटर, पौकेट-2, सैक्टर ए-6, जे जे कालोनी, नरैला, दिल्ली-40
24. मैट्रिक्स सोसायटी ऑफ सोसल सर्विस, 267, भलसवा गांव, नजदीक मीठा कुआ, जहांगीरपुरी, नई दिल्ली-110033
25. प्रयास, हाऊस नं. 1053, प्रथम तल, शिव मंदिर गली, आपोसिट पैट्रोल पम्प, मैन बवाना चौक, दिल्ली-110039
26. समर्थ मल्टी प्रपज, कम्युनिटी सेंटर, शाहबाद दौलत पुर, मैन भवाना रोड, नजदीक हनुमान मंदिर, दिल्ली-42
27. गील्ड ऑफ सर्विस, गांव छावला, नजदीक सर्वोदया कन्या विद्यालय, नजफगढ़, नई दिल्ली-110041
28. मानव परोपकारी संस्था, पंचायत घर, नजदीक छावला बस स्टैण्ड, ओल्ड रोशन पुरा, नजफगढ़, नई दिल्ली-110043
29. MRYDO (मॉडल रूरल यूथ डेवलपमेंट आर्गेनाइजेशन), हाऊस

नं. ई-64, जय विहार, फेस-I, नागलोई रोड, नजफगढ़ नई दिल्ली-110043

30. MRYDO (मॉडल रूरल यूथ डेवलपमेंट आर्गेनाइजेशन), एक्सटेंशन सेंटर प्लोट नं. 1A, सूर्या कुंज कालोनी, बहादुरगढ़ रोड, नजफगढ़ नई दिल्ली-110043

31. रूरल एसोसिएशन फॉर वूमेन अलीगेटरी ट्रब्यूट (रावत), आर. जेड.-222, शिव ब्लॉक, रघुनगर, ऑपासिट जनक सिनेमा, पंखा रोड, नई दिल्ली-110045

32. एस.सी./एस.टी. वैलफेयर एण्ड डेवलपमेंट सोसायटी, आर.जेड. एच.-330 बी, गली नं. 11, राज नगर-II, पालम कालोनी, दादा देव मंदिर के पीछे, नई दिल्ली-110045

33. ऊरवी विक्रम चैरिटेबल ट्रस्ट, हाऊस नं. 513, माता वाली गली, नजदीक हरिजन चौपाल, कापस हेडा, दिल्ली-110037

34. सेंटर फॉर सोसल रिसर्च, बी-53, प्रथम पुशता, न्यू उसमान पुर, दिल्ली-53

35. डाटामेशन फाउंडेशन चैरिटेबल, ट्रस्ट-10/1, मैन रोड, चौहान बंगर, नजदीक सायीदीया मस्जिद, दिल्ली-5

36. दिल्ली ब्रादरहुड सोसायटी, सी-16/3, अमर विहार, करावल नगर, दिल्ली-94

37. गंगा सोशल फाउंडेशन, डी-5, प्रथम तल, गंगा विहार, गोकलपुरी, दिल्ली

38. निरमाना, बी-1000, गली नं.-12, श्रीराम कालोनी, राजीव नगर, दिल्ली-94

39. सोफिया ऐजुकेशन एण्ड वैलफेयर सोसायटी, 73 गली नं.-9, मैन ब्रिजपुरी रोड, ऑपासिट फ्रैंडस पब्लिक स्कूल, ऑल्ड मुसतफाबाद, दिल्ली-94

40. अरबन हैल्थ रिर्सोस सेंटर, हाऊस नं.-218, गली नं. 8, ब्रिजपुरी दिल्ली

41. रे वैलफेयर ट्रस्ट, घेवरब ब्लाक, कम्युनिटी हॉल, जे. जे. कालोनी, दिल्ली
42. ऑल इंडिया सोसायटी फॉर ऐजुकेशन, कम्युनिटी सेंटर, कुतुबघर, दिल्ली
43. भारतीय नवदीप समीति, एच.-796, शकरपुर
44. भारतीय नवदीप समीति एक्सटेंशन, एस.पी.-54 डी, मौर्या इंक्लेव, पीतम पुरा, नजदीक मदर डेरी, दिल्ली
45. डा. ए.वी.बी.एम. ट्रस्ट विकास केन्द्र, एल ब्लाक, मंगोलपुरी, रिसेटलमेंट कालोनी, नई दिल्ली-83
46. जन उथान संघबस्ती विकास केन्द्र, ऑपासिट ए-103/10, शहीद सुखदेव नगर, दिल्ली
47. नव प्रयास स्टैण्ड एलोन, एफ 164, ग्राउंड फलौर, जे. जे. कालोनी, वजीरपुर, दिल्ली-52
48. नवज्योति, ई-1/197, 198, सुल्तान पुरी, दिल्ली
49. निःशुल्क महिला प्रकाशन समीति, वाई-ब्लाक, बी.वी.के., मंगोल पुरी, दिल्ली-110083
50. पहल मल्टिप्रपज सोसल सर्विस आर्गेनाईजेशन, हाऊस नं.-3428, बी-ब्लाक, जैन नगर, गली नं.-6, नजदीक नाग मंदिर, दिल्ली
51. द फुल गोसपल ट्रस्ट ऑफ इंडिया, 132 प्रताप विहार, पार्ट-1, गली नं.-1, नजदीक सिद्धार्थ पब्लिक स्कूल, किरारी, सुलेमान नगर, दिल्ली
52. एकता शिक्षा संस्था, हाऊस नं.-2, मेन रोड, गांव मुकुंदपुर, नजदीक एम.सी.डी. स्कूल, दिल्ली-42
53. नवलोक वेलफेयर सोसायटी, चांदनी चौक 2191, प्रथम तल, रोडग्रन कम्युनिटी सेंटर, फराश खाना, दिल्ली-06
54. प्रयास, वजीराबाद 15/34, वजीराबाद गांव, दिल्ली-110084

55. सोसायटी फॉर द प्रमोशन ऑफ वुमेन एण्ड चाइल्ड वेलफेयर, कम्युनिटी सेंटर, प्रथम तल, गली नं. 11, मुल्तानी ढांढा, पहाड़गंज, नई दिल्ली-55

56. सुर निर्माण एजुकेशन एण्ड कलचरल सोसायटी, 263, दूसरी मंजिल, गली गुन्ना मिसर, दिल्ली गेट, नई दिल्ली-02

57. बाल विकास धारा, खसरा नं. 822, नजदीक फ्राई डे मार्केट, सूर्या कनवेंट स्कूल, तारा चन्द कालोनी, महीपाल पुर, नई दिल्ली

58. फ्रेंडस ऑफ हिमालया स्टैंडेएलोन सेंटर, बी-64, खण्डेवाल, जैन मंदिर, ऑपासिट शिवाजी स्टेडियम, नजदीक गोल मार्केट, नई दिल्ली

59. किशना फाउंडेशन एक्सटेंशन कम्युनिटी सेंटर, बापू धाम, नई दिल्ली

60. महिला विकास संस्थान, सी.बी.-64 ए, नारायणा, रिंग रोड, नई दिल्ली-110028

61. एक्शन इंडिया, जे-5, दिलशाद कालोनी, नजदीक सीमापुरी बस डिपो, दिल्ली-95

62. अंचल चैरिटेबल ट्रस्ट, 1/11614, गली नं.-11, बी., सुभाष पार्क एक्सटेंशन, नजदीक न्यू आर. पी. पब्लिक स्कूल, शाहदरा, दिल्ली-32

63. सेंटर फॉर एडवोकेसी एण्ड रिसर्च, डी.-626, गली नं. 9, मेन 25 फुटा रोड, ब्लाक-ए, हर्ष विहार, ऑपासिट बैंक कालोनी, दिल्ली-93

64. दिल्ली ब्रोदर्सहूड सोसायटी एक्सटेंशन, 95/1ए, सर्कुलर रोड, शाहदरा, दिल्ली

65. सेवा भारत, जी.-3/54, सुन्दर नगरी, नई दिल्ली-93

66. सोसायटी फॉर एडवांसमेंट ऑफ विलेज, इकोनामी (सेव), ज्वाला नगर 249, गली नं. 6, ज्वाला नगर, दिल्ली-32

67. एड्स अवेरनेस ग्रुप, एन.-122/9, हरि नगर एक्सटेंशन, पार्ट-III, नजदीक ए.एस. जैतपुर, नई दिल्ली-110044

68. जय शंकर मैमोरिअल सेंटर, प्लॉट नं.-103, दिशा पब्लिक स्कूल, ऑपासिट दुर्गा मंदिर, नजदीक एम.सी.डी. प्राइमरी स्कूल, जसोला गांव, नई दिल्ली

69. नवज्योति डेवलपमेंट सोसायटी, 258, डी. ब्लाक, टेकचन्द गांव, नजदीक एम.सी.डी. प्राइमरी स्कूल, औखला फेस-I, नई दिल्ली-110020

70. वुमेनस ऐक्शन ग्रुप चिलसी, 1955, कोटला मुबारक पुर, पिलांजी, नई दिल्ली-110003

●●●

37

पंजाब व हरियाणा में मुफ्त कानूनी सहायता कैसे प्राप्त करें ?

Free legal aid in states of Punjab & Haryana

यदि आप मुफ्त कानूनी सहायता या सलाह प्राप्त करना चाहते हैं, तो इसके लिए शपथ-पत्र (एफिडेविट) के साथ एक प्रार्थना-पत्र देना पड़ता है। उप-खण्ड स्तर पर यह आवेदन-पत्र अतिरिक्त दीवानी न्यायाधीश (सीनियर डिवीजन) के कार्यालय से प्राप्त किया जा सकता है। जिला स्तर पर इसे सहायक जिला अटार्नी (विधिक सेवा), दीवानी न्यायाधीश (सीनियर डिवीजन) और जिला एवं सत्र न्यायाधीश के कार्यालय से प्राप्त किया जा सकता है। यह आवेदन-पत्र उपर्युक्त कार्यालयों में निःशुल्क उपलब्ध होता है।

विधिक सहायता के तौर पर निम्नलिखित सुविधाएं प्रदान की जाती हैं -

क. उपखण्डीय एवं जिला स्तर की अदालतों, उच्च न्यायालय तथा सर्वोच्च न्यायालय में दीवानी, फौजदारी या राजस्व किसी भी तरह का मुकदमा लड़ने के लिए किसी वकील की मुफ्त कानूनी सहायता उपलब्ध करवाई जाती है।

ख. मुफ्त कानूनी सलाह।

ग. कोर्ट फीस, तलबाने की फीस, गवाहों को दिए जाने वाला खर्च, वकील की फीस तथा मुकदमे से जुड़े दूसरे खर्चों का भार राज्य द्वारा उठाया जाता है।

घ. मुकदमे को सुलह केंद्र या लोक अदालत में निपटाया जाता है।

जिला या उप-खण्डीय स्तर के मामलों में विधिक सहायता

जिला स्तर पर निःशुल्क कानूनी सहायता प्राप्त करने के लिए चेयरमैन, जिला विधिक सेवा प्राधिकरण-जिला एवं सत्र न्यायाधीश या सचिव, जिला विधिक सेवा प्राधिकरण-दीवानी न्यायाधीश (सीनियर डिवीजन) से संपर्क करना चाहिए।

उप-खण्डीय स्तर पर निःशुल्क कानूनी सहायता या सलाह प्राप्त करने के लिए चेयरमैन, उप-खण्डीय विधिक सेवा समिति-अतिरिक्त दीवानी न्यायाधीश (सीनियर डिवीजन) से संपर्क किया जा सकता है। सहायक जिला अर्टानी (कानूनी सेवाएं), कानूनी सहायता कलिनिक और कानूनी लिटरेसी क्लब पर भी संर्पक किया जा सकता है।

उच्च न्यायालय या राज्य स्तर के मामलों में विधिक सहायता

राज्य स्तर या उच्च न्यायालय के सम्मुख विचाराधीन मामलों में निःशुल्क कानूनी सहायता व सलाह प्राप्त करने के लिए आपको सदस्य सचिव, पंजाब विधिक सेवा प्राधिकरण, एस.सी.ओ. नंबर 3001-02, सेक्टर 22-डी, चण्डीगढ़ (किसान भवन के सामने) को संपर्क करना चाहिए।

पंजाब विधिक सहायता प्राधिकरणों की सूची निम्नलिखित हैं:

1. अमृतसर : न्यू जुडिसियल कोर्ट काम्पलेक्स, अजनाला रोड, अमृतसर
2. भटिंडा : डिस्ट्रिक कोर्ट काम्पलेक्स, भटिंडा
3. बरनाला : सिविल कोर्ट, बरनाला
4. फतेहगढ़ साहिब : जुडिसियल कोर्ट काम्पलेक्स, फतेहगढ़ साहिब
5. फरीदकोट : डिस्ट्रिक कोर्ट काम्पलेक्स, फरीदकोट

6. फिरोजपुर : सैशन कोर्ट क़ाम्पलेक्स, माल रोड, फिरोजपुर
7. गुरदास पुर : डिस्ट्रिक कोर्ट काम्पलेक्स, गुरदास पुर
8. होशियार पुर : डिस्ट्रिक कोर्ट काम्पलेक्स, होशियार पुर
9. जलंधर : डिस्ट्रिक कोर्ट काम्पलेक्स, जलंधर
10. कपूरथला : डिस्ट्रिक कोर्ट काम्पलेक्स, कपूरथला
11. लुधियाना : न्यू कोर्ट काम्पलेक्स, भारत नगर चौक, सिविल लाइन, फिरोजपुर रोड, लुधियाना
12. मनसा : डिस्ट्रिक कोर्ट काम्पलेक्स, मानसा
13. मोगा : सिविल कोर्ट, मोगा
14. मोहाली : सिविल कोर्ट, मोहाली
15. मुकतसर : डिस्ट्रिक कोर्ट काम्पलेक्स, मुकतसर
16. पटियाला : डिस्ट्रिक कोर्ट काम्पलेक्स, पटियाला
17. रूपनगर : डिस्ट्रिक कोर्ट काम्पलेक्स, रूपनगर
18. संगरूर : कोर्ट काम्पलेक्स, संगरूर
19. एस. बी. एस. नगर : डिस्ट्रिक कोर्ट काम्पलेक्स, एस. बी. एस. नगर
20. तरनतारन : सिविल कोर्ट काम्पलेक्स, तरनतारन

ध्यान रहे कि इन सभी सलाह केन्द्रों का इंचार्ज सहायक ज़िला अटॉर्नी (विधिक सेवा) होता है। उनके पते निम्नलिखित है :

1. असिसटेंट डिस्ट्रिक अटॉर्नी, पंजाब लिगल सर्विस अथोर्टी, एस.सी.ओ. नंबर-3001-02, सेक्टर 22 डी, चण्डीगढ़, मोबाइल नंबर-9417117554
2. असिसटेंट डिस्ट्रिक अटॉर्नी, पंजाब लिगल सर्विस अथोर्टी, एस.सी.ओ. नंबर-3001-02, सेक्टर 22 डी, चण्डीगढ़, मोबाइल नंबर-9815457355
3. असिसटेंट डिस्ट्रिक अटॉर्नी, लिगल सर्विस, तीसरी मंजिल, डिस्ट्रिक कोर्ट कोम्पलेक्स, अमृतसर, मोबाइल नंबर- 9815865311

4. असिसटेंट डिस्ट्रिक अटॉर्नी, लिगल सर्विस, डिस्ट्रिक कोर्ट कोम्पलेक्स, भटिंडा, मोबाइल नंबर- 9855978500
5. असिसटेंट डिस्ट्रिक अटॉर्नी, लिगल सर्विस, डिस्ट्रिक कोर्ट कोम्पलेक्स, फतेहगढ़ साहिब, मोबाइल नंबर- 9815386933
6. असिसटेंट डिस्ट्रिक अटॉर्नी, लिगल सर्विस, डिस्ट्रिक कोर्ट कोम्पलेक्स, फरीदकोट, मोबाइल नंबर- 9417136074
7. असिसटेंट डिस्ट्रिक अटॉर्नी, लिगल सर्विस, डिस्ट्रिक कोर्ट कोम्पलेक्स, फिरोजपुर, मोबाइल नंबर- 9417253299
8. असिसटेंट डिस्ट्रिक अटॉर्नी, लिगल सर्विस, डिस्ट्रिक कोर्ट कोम्पलेक्स, गुरदासपुर, मोबाइल नंबर- 9417956265
9. असिसटेंट डिस्ट्रिक अटॉर्नी, लिगल सर्विस, तहसील कोम्पलेक्स, होशियारपुर, मोबाइल नंबर- 9878349625
10. असिसटेंट डिस्ट्रिक अटॉर्नी, लिगल सर्विस, प्रथम मंजिल, डिस्ट्रिक कोर्ट कोम्पलेक्स, जलंधर, मोबाइल नंबर- 9814579832
11. असिसटेंट डिस्ट्रिक अटॉर्नी, लिगल सर्विस, नजदीक न्यू ए.डी.सी. ऑफिस, कपूरथला, मोबाइल नंबर- 9417104703
12. असिसटेंट डिस्ट्रिक अटॉर्नी, लिगल सर्विस, तिसरी मंजिल, न्यू कोर्ट कोम्पलेक्स, लुधियाना, मोबाइल नंबर- 9888070958
13. असिसटेंट डिस्ट्रिक अटॉर्नी, लिगल सर्विस, द्वितीय मंजिल, जुडिशियल कोर्ट कोम्पलेक्स, मानसा, मोबाइल नंबर- 9465944337
14. असिसटेंट डिस्ट्रिक अटॉर्नी, लिगल सर्विस, कमरा नंबर-134, प्रथम मंजिल, डिस्ट्रिक कोर्ट कोम्पलेक्स, पटियाला, मोबाइल नंबर- 9814343732
15. असिसटेंट डिस्ट्रिक अटॉर्नी, लिगल सर्विस, कमरा नंबर-312, द्वितीय मंजील, संगरूर, मोबाइल नंबर- 8872476212
16. असिसटेंट डिस्ट्रिक अटॉर्नी, लिगल सर्विस, कमरा नंबर-306, द्वितीय मंजील, डी.सी. कोम्पलेक्स, रूपनगर, मोबाइल नंबर- 9417540652

पंजाब में लोक अदालतें

पंजाब में ज़िला और उप-खण्डीय स्तर पर तीन महीने में एक बार लोक अदालतों का आयोजन किया जाता है। गंभीर आपराधिक मामलों को लोक अदालतों में नहीं भेजा जाता है। मुकदमे दाखिल करने से भी पहले विवाद को सुलझाने के लिए हर महीने प्रत्येक जिले में लोक अदालतें लगायी जाती हैं। इन लोक अदालतों में उन सभी मामलों और विवादों की सुनवाई होती है, जिन पर उस समय तक कोई अदालती कार्यवाही शुरू नहीं हुई है। न्यायालय में विचाराधीन मामले को लोक अदालत में निपटाने के लिए दरखास्त शिकायतकर्ता या मुद्दई या दूसरी पार्टी में से किसी के भी द्वारा दिया जा सकता है। यह दरखास्त मामले की सुनवाई करने वाले न्यायालय में दाखिल किया जाता है। इसके अतिरिक्त लोक अदालत में मामले की सुनवाई करवाने की इच्छुक कोई भी पार्टी उस जिले के अतिरिक्त दीवानी न्यायाधीश (सीनियर डिवीजन) के न्यायालय में आवेदन कर सकती है या वह सम्बद्ध उपखण्ड के अतिरिक्त दीवानी न्यायाधीश (सीनियर डिवीजन) के न्यायालय में भी आवेदन दे सकती है।

स्थाई लोक अदालतें

ज़िला स्तर पर गठित स्थाई लोक अदालतों के पास विभिन्न न्यायालय में विचाराधीन मुकदमों की सुनवाई के लिए भेजा जाता हैं। ये अदालतें प्रत्येक शनिवार को लगाई जाती हैं। इसके अतिरिक्त ये लोक अदालतें ऐसे मामलों और विवादों की सुनवाई भी करती हैं, जो अभी मुकदमे की स्थिति तक नहीं पहुंचे हैं या न्यायालय में उनके सुनवाई की कार्यवाही शुरू नहीं हुई है। किसी विचाराधीन मुकदमे को लोक अदालत में सुनवाई के लिए भेजने हेतु सम्बन्धित न्यायालय में प्रार्थना पत्र देना होता है।

स्थाई लोक अदालतें (मूलभूत जन-सेवाओं के लिए)

विधिक सेवा प्राधिकरण (संशोधित) अधिनियम-2002 के अंतर्गत, पंजाब में, जन-उपयोगी सेवाओं से सम्बन्धित मामलों को शीघ्र निपटाने के लिए ज़िला स्तर पर स्थाई लोक अदालतों का गठन किया गया है।

इन लोक अदालतों के द्वारा बिजली, पानी, सीवर, बीमा, अस्पताल या डिस्पेंसरी, यातायात, टेलीफोन या टेलीग्राफ, प्राकृतिक संसाधनों का बचाव तथा डाक एवं तार विभाग इत्यादि के मामले सुने जाते हैं। इन स्थाई लोक अदालतों को केवल 10 लाख रुपए मूल्य तक के मामलों की सुनवाई का अधिकार प्राप्त है, परन्तु इनके द्वारा सुनाए गए अवार्ड या फैसले दीवानी न्यायालय द्वारा पास की गई डिक्री के बराबर होते हैं। स्थाई लोक अदालतों का निर्णय अंतिम होता है तथा इनके द्वारा सुनाए गए अवार्ड के विरुद्ध अपील नहीं की जा सकती।

स्थाई लोक अदालतें छुट्टी के दिनों को छोड़कर हर रोज मामलों की सुनवाई करती हैं। यदि आप मूलभूत जन-सेवाओं से सम्बन्धित किसी मामले या विवाद को लोक अदालत के माध्यम से सुलझाना चाहते हैं, तो इसके लिए सम्बन्धित लोक अदालत के चेयरमैन को प्रार्थना-पत्र लिखकर अपना मामला बताएं। यह प्रार्थना-पत्र सादे कागज पर टाइप करके भी दिया जा सकता है। यह सेवा पूरी तरह निःशुल्क है।

मोबाइल कोर्ट

हाल ही में मुकदमों के बोझ को कम करने तथा शीघ्र न्याय उपलब्ध करवाने के उद्देश्य से मोबाइल अदालतें चलाने की व्यवस्था भी की गई है।

हरियाणा में कैसे और कहां निःशुल्क कानूनी सहायता और सलाह प्राप्त की जा सकती है ?

हरियाणा में नागरिकों को मुफ्त कानूनी सहायता और सलाह उपलब्ध करवाने हेतु बनाए गए नियम पंजाब में लागू नियमों से लगभग पूरी तरह मिलते-जुलते हैं। हरियाणा के निम्नलिखित ज़िलों में मुफ्त कानूनी सहायता और सलाह प्राप्त की जा सकती है-

1. अंबाला
2. भिवानी
3. फरीदाबाद
4. फतेहाबाद
5. गुड़गांव
6. हिसार

7. झज्जर	8. जीन्द
9. कैथल	10 करनाल
11 कुरुक्षेत्र	12 मेवात-नूह पट
13. पंचकुला	14. पानीपत
15 रिवाड़ी	16. रोहतक
17. सिरसा	18. सोनीपत
19. यमुनानगर	20. पलवल
21. नारनौल	

इसके अतिरिक्त हरियाणा के कई ज़िलों में स्थाई लोक अदालतें भी निरंतर काम कर रही हैं। इन लोक अदालतों को **समझौता सदन** के नाम से जाना जाता है। वर्तमान समय में ये समझौता सदन राज्य के निम्नलिखित ज़िलों में स्थापित हैं –

क्रम	**जिले का नाम**	**क्रम**	**जिले का नाम**
1.	अंबाला	5.	हिसार
2.	पंचकुला	6.	फतेहाबाद
3.	गुड़गांव	7.	करनाल
4.	फरीदाबाद	8.	रिवाड़ी

मुफ्त कानूनी सहायता के लिये 31.5.2011 से टाल-फ्री हैल्पलाईन की सुविधा 1800-180-2057 नम्बर पर उपलब्ध करवाई गई है।

●●●

38

हिमाचल प्रदेश में निःशुल्क कानूनी सहायता

Free legal aid in Himachal Pradesh

जैसा कि पहले भी बताया जा चुका है कि विधिक सेवा प्राधिकरण अधिनियम 1987 के अंतर्गत जरूरतमंद नागरिकों के लिए निःशुल्क कानूनी सहायता और सलाह उपलब्ध करवाने का प्रबंध किया गया है। इस अधिनियम के तहत बनाए गए नियम और अधिनियम लगभग हर राज्य में एक समान हैं। देश के दूसरे राज्यों की तरह हिमाचल प्रदेश में भी नागरिकों को निःशुल्क कानूनी सहायता और सलाह उपलब्ध करवाने की व्यवस्था की गई है। यदि किसी व्यक्ति को कानूनी सहायता या सलाह चाहिए, तो वह सम्बन्धित जिले के सचिव, विधिक सेवा प्राधिकरण को अपना आवेदन या प्रार्थना-पत्र लिखकर सहायता की मांग कर सकता है।

हिमाचल प्रदेश में ज़िला अनुसार विधिक सेवा प्राधिकरण की इकाइयां निम्नलिखित प्रकार हैं-

क्रम	जिले का नाम	विधिक सेवा प्राधिकरण
1.	बिलासपुर	सचिव, विधिक सेवा प्राधिकरण, बिलासपुर।
2.	चंबा	सचिव, विधिक सेवा प्राधिकरण, चंबा।
3.	हमीरपुर	सचिव, विधिक सेवा प्राधिकरण, हमीरपुर।
4.	कांगड़ा	सचिव, विधिक सेवा प्राधिकरण, कांगड़ा, धर्मशाला।
5.	कुल्लू	सचिव, विधिक सेवा प्राधिकरण, कुल्लू।

6.	किन्नौर	सचिव, विधिक सेवा प्राधिकरण, रामपुर बुशेहर किन्नौर।
7.	मण्डी	सचिव, विधिक सेवा प्राधिकरण, मण्डी।
8.	नाहन	सचिव, विधिक सेवा प्राधिकरण, सिरमौर, नाहन।
9.	सोलन	सचिव, विधिक सेवा प्राधिकरण, सोलन।
10.	शिमला	सचिव, विधिक सेवा प्राधिकरण, शिमला।
11.	ऊना	सचिव, विधिक सेवा प्राधिकरण, ऊना।

●●●

39

दिल्ली में नये दीवानी ज़िले

New districts in Delhi

अभी अभी दिल्ली सरकार द्वारा दिनांक 17 अक्टूबर, 2012 को जारी की गई अधिसूचना के द्वारा ग्यारह दीवानी ज़िले गठित किए गए हैं, जो कि निम्नलिखित हैं-

दीवानी ज़िले

1. केन्द्रीय
2. उत्तरी
3. पश्चिमी
4. नई दिल्ली
5. दक्षिणी
6. पूर्वी
7. उत्तर-पूर्वी
8. शाहदरा
9. उत्तर-पश्चिमी
10. दक्षिण-पश्चिमी
11. दक्षिण-पूर्वी

फौज़दारी अदालतें

फौज़दारी अदालतों का कार्य पांच ज़िला अदालत परिसरों में निम्नलिखित पुलिस जिलों के आधार पर क्षेत्राधिकार विभाजित किया गया है-

1. केन्द्रीय पुलिस जिला
2. उत्तरी पुलिस जिला
3. पश्चिमी पुलिस जिला
4. नई दिल्ली पुलिस जिला
5. दक्षिणी पुलिस जिला
6. दक्षिणी-पूर्वी पुलिस जिला
7. पूर्वी पुलिस जिला
8. उत्तरी -पूर्वी पुलिस जिला
9. उत्तरी-पश्चिमी पुलिस जिला
10. बाहरी (आऊटर) पुलिस जिला
11. दक्षिणी-पश्चिमी पुलिस जिला

पुलिस ज़िला के आधार पर क्षेत्राधिकार

ज़िला पुलिस	अदालत कॉम्पलैक्स
1. केन्द्रीय 2. पश्चिमी	**1. तीस हज़ारी अदालत**
1. नई दिल्ली	**2. पटियाला हाउस अदालत**
1. पूर्वी 2. उत्तरी-पूर्वी 3. शाहदरा	**3. कड़कड़डूमा अदालत**

1. उत्तरी-पश्चिमी 2. उत्तरी	**4. रोहिणी अदालत**
1. दक्षिणी-पश्चिमी	**5. द्वारका अदालत**
1. दक्षिणी 2. दक्षिणी-पूर्वी	**6. साकेत अदालत**

अदालत-कॉम्पलैक्स के आधार पर क्षेत्राधिकार

अदालत-कॉम्पलैक्स	ज़िला पुलिस
1 तीस हज़ारी	1. केन्द्रीय 2. पश्चिमी
2. पटियाला हाउस	1. नई दिल्ली
3. कड़कड़डूमा	1. पूर्वी 2. उत्तरी-पूर्वी 3. शाहदरा
4. रोहिणी	1. उत्तरी-पश्चिमी 2. उत्तरी
5. द्वारका	1. दक्षिणी-पश्चिमी
6. साकेत	1. दक्षिणी-पूर्वी 2. दक्षिणी

●●●